Fensterbilder
große Wirkung ohne Schablone

Silke Bachner & Sabine Gorski

25 einzigArtige Projekte
für das ganze Jahr

Impressum

Titel
Fensterbilder – große Wirkung ohne Schablone
25 einzigArtige Projekte für das ganze Jahr

Autorinnen
Silke Bachner, Sabine Gorski

Fotos Umschlag und Innenteil
S. 35 unten: © pixelot/fotolia.com
S. 72 oben links und rechts: Alexander Häfele
alle anderen: Silke Bachner, Sabine Gorski, Benjamin Bischof

Verlag an der Ruhr
Mülheim an der Ruhr
www.verlagruhr.de

Geeignet für die Altersstufen 6–10

Unser Beitrag zum Umweltschutz:
Wir sind seit 2008 ein ÖKOPROFIT®-Betrieb und setzen uns damit aktiv für den Umweltschutz ein. Das ÖKOPROFIT®-Projekt unterstützt Betriebe dabei, die Umwelt durch nachhaltiges Wirtschaften zu entlasten.
Unsere Produkte sind grundsätzlich auf chlorfrei gebleichtes und nach Umweltschutzstandards zertifiziertes Papier gedruckt.

Urheberrechtlicher Hinweis:
Das Werk und seine Teile sind urheberrechtlich geschützt. Jede Verwendung in anderen als den gesetzlich zugelassenen Fällen bedarf der vorherigen schriftlichen Einwilligung des Verlages.
Bitte beachten Sie die Informationen unter schulbuchkopie.de.
Der Verlag untersagt ausdrücklich das Herstellen von digitalen Kopien, das digitale Speichern und Zurverfügungstellen dieser Materialien in Netzwerken (das gilt auch für Intranets von Schulen und sonstigen Bildungseinrichtungen), per E-Mail, Internet oder sonstigen elektronischen Medien. Kein Verleih. Keine gewerbliche Nutzung. Zuwiderhandlungen werden zivil- und strafrechtlich verfolgt.

© Verlag an der Ruhr 2012
ISBN 978-3-8346-0958-8

Printed in Germany

Inhaltsverzeichnis

Vorwort 4
Häkeln – eine Kurzanleitung 6
Die Angebote im Überblick 8

Frühling

Projekt 1	Ganz gerissene Typen	10
Projekt 2	Osterwelten	14
Projekt 3	Hängende Minigärten als Fensterschmuck	18
Projekt 4	Blühendes Blumenmeer	21

Sommer

Projekt 5	Es kreucht und fleucht …	26
Projekt 6	Unter Wasser – auf dem Fenster	32
Projekt 7	Frisuren-Köpfe	35

Herbst

Projekt 8	Buchstabenäste	38
Projekt 9	Gruselige Halloween-Drucke	40
Projekt 10	Scherenschnitte	43
Projekt 11	Laminierte Herbstbilder	45

Winter

Projekt 12	Leuchtender Beamer-Willkommensgruß	48
Projekt 13	Christbaumkugeln und Weihnachtszapfen	50
Projekt 14	Eisvögel	54
Projekt 15	Wunderschöne Matrjoschkas	57
Projekt 16	Häkelblumen	60

Alle Jahreszeiten

Projekt 17	Eulen, Monster und andere Pappenheimer	64
Projekt 18	Feuer – Wasser – Erde – Luft	67
Projekt 19	Landart	70
Projekt 20	Coole Typen aus Papier	73
Projekt 21	Things in windows	76
Projekt 22	Mandala-Gruß aus der Küche	79
Projekt 23	Bespannte Reifenfelgen	82
Projekt 24	Futuristische Fensterobjekte	88
Projekt 25	Häkelgardine mit Aussicht	91

Danksagung 94
Medientipps 95

Vorwort

Warum dieses Buch?

Die Idee zu diesem Buch entstand während unserer künstlerischen Arbeit an Schulen. Seit vielen Jahren führen wir Kunstprojekte mit Kindern und Jugendlichen an Schulen durch und haben uns dabei u.a. auf die **Gestaltung von Räumen** spezialisiert. Gemeinsam mit den Schülerinnen und Schülern verleihen wir Klassenräumen, Schulfluren und Schulhöfen ein neues Gesicht. Dabei wurde schon oft der Wunsch an uns herangetragen, doch auch einmal „ein schönes Fensterbild mit den Kindern zu basteln". Dieser Wunsch stieß bei uns zunächst gar nicht auf offene Ohren: **Fensterbilder** fanden wir eher uncool und **unkreativ**, zu **schablonenmäßig** und bestenfalls dazu geeignet, die Feinmotorik zu schulen.

Schließlich sahen wir es dann aber als eine Herausforderung, das Thema einmal anders anzugehen: Wir wollten **Gestaltungen kreieren, die Raum lassen für die eigenen Ideen** der Schülerinnen und Schüler, die cool sind und die Lust machen auf „mehr" ... Wie dieses „Mehr" aussehen kann, entscheiden Sie selbst und natürlich die Schülerinnen und Schüler.

Wir möchten Sie mit diesem Buch dazu ermutigen, die hier vorgestellten **Projekte auszuprobieren und „weiterzuspinnen"**. Wir haben während der Arbeit an diesem Buch selbst feststellen können, dass viele der Gestaltungen wahre Selbstläufer sind, die sich, wenn man erst einmal begonnen hat, immer weiter entwickeln lassen und die immer neue Ideen hervor-

bringen. Und wir haben erfahren, dass Fenstergestaltungen weder altbacken noch langweilig sein müssen, sondern sehr viel Spaß machen können, sowohl beim Machen als auch beim späteren Betrachten ...

Für wen ist dieses Buch gedacht?

Die Projekte eignen sich für **Grundschüler** zwischen dem 1. und 4. Schuljahr. Sie können sie im **Kunstunterricht** oder in einer **AG** durchführen. Sie eignen sich sowohl für Klassen als auch kleinere Gruppen.

Die hier vorgestellten Projekte haben einen **jahreszeitlichen Bezug** oder sind einem bestimmten Anlass oder **Thema** zugeordnet und lassen sich häufig mit **anderen Unterrichtsinhalten** oder Fächern verbinden. Sie können so das ganze Jahr über auf verschiedenste Ideen zugreifen. Dabei haben wir darauf geachtet, möglichst für alle Betrachter – vor und hinter der Fensterscheibe – ein interessantes Seh-Erlebnis zu ermöglichen.

Die Projekte sind in unterschiedliche **Schwierigkeitsstufen** eingeteilt, die Ihnen eine Auswahl erleichtern sollen (s. S. 8).

Vorwort

Materialien

Bei vielen Projekten haben wir kostengünstige **Abfallmaterialien** benutzt. Wir empfehlen daher, schon im Vorfeld mit den Kindern einen Fundus zu **sammeln**, auf den Sie bei Bedarf zurückgreifen können.

Sehr gut geeignet sind z.B.:
- alte Pappschachteln und -rollen
- diverse Verpackungsmaterialien
- Papierreste
- Naturmaterialien (die auch gut gemeinsam gesammelt werden können)

Außerdem sollten alle Schüler über grundlegende Bastel- und Zeichenmaterialien verfügen:
- Klebestift, Flüssigklebstoff
- Schere
- Wasserfarben guter Qualität, Pinsel, Wasserbehälter
- Bunt- und Wachsmalstifte in guter Qualität
- Zeichenblock
- Malkittel

In der Klasse sollte außerdem vorhanden sein:
- Acryl- oder Schul-Temperafarbe in Tuben oder Flaschen
- verschiedene Papiere in unterschiedlichen Farben (Schmierpapier, Tonpapier, Transparentpapier etc.)
- evtl. Ölkreiden
- je nach Angebot Kleister in flüssiger oder Pulverform
- Abdeckung für den Arbeitsplatz (Folien, alte Zeitungen etc.)

Sicheres Arbeiten

Der **Arbeitsplatz** sollte natürlich gut **abgedeckt** und die Kleidung mit **Malkitteln** gut geschützt sein, damit es hinterher nicht zu unschönen „Überraschungen" kommt.

Für viele der hier beschriebenen Gestaltungen haben wir eine **Heißklebepistole** benutzt. Wichtig ist, dass die Kinder hier einen **angemessenen Umgang** mit dem Gerät erlernen, denn die Heißklebepistole heißt nicht nur so, sie ist auch wirklich sehr heiß. Bei jüngeren oder motorisch unsicheren Kindern empfiehlt es sich evtl., diese Klebearbeiten selbst vorzunehmen. Gleiches gilt für den **Umgang mit Hammer, Nägeln und Handbohrer**.

Tipps zu möglichen Aufhängungen

Nicht alle Fenster-Objekte lassen sich direkt auf die Scheibe kleben. Um das **Aufhängen** zu erleichtern und einfaches Wechseln und Anbringen von verschiedenen, hier vorgestellten Fenstergestaltungen zu ermöglichen, empfehlen wir:

- breite, verstellbare **Gardinenstangen**, die mit anklebbaren Häkchen am Fensterrahmen befestigt werden, so genannte Vitragenstangen,
- breite, verstellbare **Duschvorhangstangen**, die ohne Bohren einfach zwischen zwei Wänden festgeklemmt werden und sich an einem Fenster einspannen lassen. Es gibt sie relativ preiswert in gut sortierten Baumärkten, und sie haben sich als dauerhafte Anschaffung für die Klasse bewährt.

So, nun aber genug der Vorbereitung, wir wünschen Ihnen und den Schülern nun ebenso viel Spaß beim Gestalten der Fensterbilder, wie wir selbst dabei hatten …

Silke Bachner & Sabine Gorski

Häkeln – eine Kurzanleitung

Grundsätzlich sollten alle Lehrkräfte, die mit den Kindern häkeln möchten, das Häkeln selbst beherrschen und eine Zeit lang geübt haben.
Für die Fenster-Objekte in diesem Buch sollten Sie vorab mit den Kindern üben, wie man Luftmaschen und feste Maschen häkelt. Für die Verarbeitung der ersten Versuchs-Stücke eignet sich gut die Häkelgardine ab S. 91.

Falls Ihre eigenen Häkelerfahrungen einige Zeit zurückliegen, hier noch einmal eine kurze Anleitung zum Auffrischen:

Luftmaschen

1. Erste Schlinge legen ...
2. ... und von Hand oder mit der Häkelnadel Faden durchziehen.
3. Das ist die erste Arbeitsmasche.

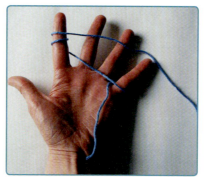

4. Auf der Nadel festziehen. Das kurze Fadenstück hängen lassen. Der lange Faden ist der Arbeitsfaden.
5. Arbeitsfaden einmal um den kleinen Finger der linken Hand wickeln, vor dem Ring- und Mittelfinger vorbei zum Zeigefinger führen. Zwischen Zeige- und Mittelfinger hinter den Zeigefinger führen und 2-mal darumwickeln. Am Ende liegt der Faden vor dem Zeigefinger.
6. Arbeitsfaden einmal um die Nadel legen, am besten von hinten nach vorne.

Häkeln – eine Kurzanleitung

7. Faden mit der Nadelspitze fassen und durch die Schlinge ziehen.

8. Die nächsten Luftmaschen genauso häkeln.

9. Wenn die Reihe lang genug ist, eine zusätzliche Luftmasche zum Wenden häkeln.

Feste Maschen

10. In die übernächste Luftmasche einstechen …

11. … und den Faden durchziehen. Nun sind 2 Schlingen auf der Nadel.

12. Den Faden wieder um die Nadel führen …

13. … und durch beide Schlingen durchziehen.

14. Ab der zweiten Reihe in beide oben liegenden Maschen einstechen …

15. … und wie vorher weiterhäkeln.

Die Angebote im Überblick

Projekt	Angebot	Alter	Doppelstunde	Schwierigkeit	Anlass	Seite
1	Ganz gerissene Typen	ab 6	1–2	●●	Karneval, ganzjährig	10
2	Osterwelten	ab 6	4	●	Ostern	14
3	Hängende Minigärten als Fensterschmuck	ab 6	2	●	Frühling, Thema Pflanzen	18
4	Blühendes Blumenmeer	ab 6	2–3	●●	Frühling, Sommer	21
5	Es kreucht und fleucht …	ab 6	ca. 2	●	Sommer, Thema Wiese	26
6	Unter Wasser – auf dem Fenster	ab 6	ca. 2	●●	Sommer, Thema Meer	32
7	Frisuren-Köpfe	ab 6	2	●	Einschulung, Entlassung, Schulfest, ganzjährig	35
8	Buchstabenäste	ab 6	2	●	Anfangsunterricht, Einschulung	38
9	Gruselige Halloween-Drucke	ab 6	ca. 2	●●	Halloween, Gruselparty, mit anderen Motiven für andere Anlässe	40
10	Scherenschnitte	ab 6	1–2	●	Sankt Martin, Herbst, Ostern, ganzjährig	43
11	Laminierte Herbstbilder	ab 6	1–2	●	Herbst, mit Blüten auch im Sommer	45
12	Leuchtender Beamer-Willkommensgruß	ab 6	1–2	●	Winter, Advent, Karneval	48
13	Christbaumkugeln und Weihnachtszapfen	ab 6	ca. 2	●	Advent, Weihnachten	50
14	Eisvögel	ab 6	1	●	Winter, bei Frost	54
15	Wunderschöne Matrjoschkas	ab 8	ca. 3	●●●	Winter, Advent, Weihnachten	57
16	Häkelblumen	ab 8	2–3	●●●	Winter, auch Frühling	60
17	Eulen, Monster und andere Pappenheimer	ab 6	1–2	●	ganzjährig	64
18	Feuer – Wasser – Erde – Luft	ab 6	ca. 3	●	ganzjährig, Thema Elemente; auch mit anderen Themen möglich	67
19	Landart	ab 6	1–2 oder länger	●	ganzjährig, Jahreszeiten	70
20	Coole Typen aus Papier	ab 8	2–3	●	Einschulung, Entlassung, Schulfest, ganzjährig	73
21	Things in windows	ab 8	1–2	●	englische Wörter	76
22	Mandala-Gruß aus der Küche	ab 8	1–2	●●	ganzjährig, auch andere Themen	79
23	Bespannte Reifenfelgen	ab 8	2–3	●●	ganzjährig, Thema Fahrrad, Textilunterricht	82
24	Futuristische Fensterobjekte	ab 9	3–4	●●●	ganzjährig, Geometrie	88
25	Häkelgardine mit Aussicht	ab 8	4–5	●●●	ganzjährig, Textilunterricht	91

Projekt 1

Ganz gerissene Typen

Alter	ab 6
Zeitaufwand	1–2 Doppelstunden
Schwierigkeitsstufe	🟢🟢 mittel
Anlass, Jahreszeit oder Fest	Karneval, jede Jahreszeit

Kurzbeschreibung

Aus zerrissenen, bemalten Transparentpapierstücken setzt ihr collagenartig Selbstporträts zusammen, sodass ihr als „ganz gerissene Typen" durchs Fenster lacht.

Material

- farbiges DIN-A3-Transparentpapier (1 Bogen pro Kind, unterschiedliche Farben)
- dicke Wachsmalstifte, -blöcke oder Ölkreiden
- Klebestifte, Klebefilm
- schwarzes DIN-A3-Tonpapier (2 Bogen pro Kind)
- spitze Scheren, evtl. Cutter und Papierunterlage
- evtl. Kleister und Pinsel

So geht es

- Ihr legt das Transparentpapier hochkant vor euch auf den Tisch. Nun malt ihr mit Wachsmalstiften oder Ölkreiden ein Gesicht auf das Papier. Nutzt dazu das gesamte Blatt. Ihr könnt euch selber malen oder auch das Kind, das neben euch sitzt oder gegenüber von euch. Dabei müsst ihr euch nicht so malen, wie ihr in Wirklichkeit ausseht, sondern ihr könnt euch blaue Nasen und grüne Haare malen oder was immer euch gefällt. Ihr müsst auch nicht alles ganz ausmalen, sondern es sieht gut aus, wenn noch Stellen unbemalt bleiben. Auch müsst ihr hierbei nicht ganz ordentlich vorgehen. Denn es sieht besonders reizvoll aus, wenn man einzelne Striche, Krakel oder Schwünge eurer Wachsmaler noch erkennt.

Ganz gerissene Typen

Die Konturen, also die Umrisslinien, von eurem Kopf und allen Gesichtsteilen malt ihr besonders dick und kräftig in Schwarz oder einer leuchtenden Farbe nach.

- Wenn ihr fertig seid, braucht ihr ein wenig Mut, denn jetzt sollt ihr euer Kunstwerk in Stücke reißen, und das kostet ganz schön Überwindung. Aber keine Angst, es lohnt sich. Allerdings sollen alle Gesichtsteile, die Augen, die Nase, der Mund und die Ohren, unversehrt bleiben. Ihr sollt nicht viele kleine Teile reißen, sondern es soll auf jedem Papierstück noch ein ganzes Gesichtsteil zu sehen sein. Versucht, die Stücke annähernd gleich groß zu reißen. Am Ende habt ihr also das Gesicht in etwa 5 Teile zerlegt. Daher müsst ihr ganz vorsichtig und kontrolliert reißen und auf keinen Fall einfach wild drauflos.

- Jetzt wird es lustig: Ihr tauscht nämlich mit den anderen Kindern einzelne Teile eures Gesichts aus. Das heißt, ihr tauscht eins eurer blauen Augen gegen ein lila Auge eures Nachbarn, ein gelbes kleines Ohr gegen ein dunkelgrünes Kohlblattohr usw. Ein paar Teile eures Ausgangsgesichts behaltet ihr jedoch. Wenn ihr die Teile nun wieder zusammenlegt, werdet ihr merken, dass sie nicht richtig wie bei einem Puzzle zusammenpassen. Weil ihr ja alle unterschiedlich gerissen habt, bleiben Lücken, oder einzelne Stellen überlappen sich.

- Das soll so sein! Ihr klebt die Teile nun trotzdem mit Klebestift zusammen, und zwar an den Stellen, wo sie sich überlappen. Dann reißt ihr euch weitere farbige Stücke Transparentpapier zurecht, die ihr über die Lücken klebt.

- Da die Umrisslinien jetzt nicht mehr ganz zusammenpassen, könnt ihr sie noch einmal vorsichtig nachziehen oder ergänzen. Orientiert euch dabei an den vorgegebenen schiefen, scheinbar nicht zueinander passenden Linien. Ihr könnt auch noch einzelne Stellen in den Gesichtern betonen, indem ihr einzelne Formen und Linien aus schwarzem Tonpapier ausschneidet und sie an die entspre-

Ganz gerissene Typen

Fensterbilder – große Wirkung ohne Schablone

Ganz gerissene Typen

chenden Stellen klebt. Auf diese Weise füllen sich eure Blätter wieder, mit ziemlich schrägen und auf jeden Fall sehr gerissenen Typen.

- Am Ende könnt ihr eure Porträts noch in einen Rahmen aus schwarzem Tonpapier kleben. Legt dazu 2 Papierbogen übereinander. Zeichnet mit dem Bleistift den äußeren und inneren Rahmenausschnitt auf. Beides sollte etwas größer als das Gesicht sein. Schneidet den Rahmen mit dem Cutter oder mit einer spitzen Schere aus. Wenn ihr mit dem Cutter arbeitet, denkt an eine dicke Papierunterlage, und arbeitet sehr vorsichtig!

- Nun klappt ihr beide Teile auseinander und bestreicht alle Ränder von innen mit Klebstoff. Legt eure Gesichtscollage dazwischen, und klebt alles wieder genau zusammen. Mit Klebefilm könnt ihr die einzelnen Bilder nun auf die Fensterscheibe kleben. Diese Fenstergestaltung sieht immer toll aus, passt aber ganz besonders in die Karnevalszeit.

Variante

Ihr könnt die Tonpapierrahmen auch direkt mit etwas Kleister auf die Fensterscheibe kleben. Anschließend kleistert ihr auch die Gesichtsteile direkt in den Rahmen. Teile, die über den Rahmen stehen, könnt ihr mit der Schere abschneiden. Mit dieser Technik bekommt ihr eine besonders glatte Oberfläche direkt auf dem Fenster. Zum späteren Entfernen eignet sich lauwarmes Spülwasser.

Projekt 2

Osterwelten

Alter	ab 6 (mit erwachsener Hilfe), sonst ab 8; in kleinen Gruppen
Zeitaufwand	4 Doppelstunden
Schwierigkeitsstufe	leicht
Anlass, Jahreszeit oder Fest	Ostern

Kurzbeschreibung

Aus Mandarinenkisten aus Holz zaubert ihr mit etwas Farbe, Pflanzen und Osterdekorationen kleine Osterwelten, die in den Fenstern schweben.

Material

- Mandarinenkisten aus Holz (1 pro Gruppe)
- weiße und bunte Acrylfarben
- Borstenpinsel
- Wasserbehälter, Abdeckung
- Stoffreste
- bunte Papiere
- Scheren
- Flüssigklebstoff und Heißkleber
- Watte
- Obstbehälter aus Plastik, Körbchen etc.
- Ostergras, Frühblüher und etwas Erde, Kunststoff- oder Papierblumen etc.
- Hasen und Küken aus Plüsch, Stoff, Pappe etc.
- Ostereier aus verschiedenen Materialien
- Nylongarn
- Nägel und Hammer
- Handbohrer

> Projekt
> 2

Osterwelten

So geht es

- Bei diesem Projekt gestaltet ihr ein gemeinsames Objekt in einer Gruppe. Am besten tut ihr euch dazu zu viert zusammen.

- Zunächst malt ihr die Holzkisten komplett weiß an. Passt dabei gut auf, dass ihr euch nicht an Splittern verletzt!

- Mischt aus Weiß und jeweils einer Acrylfarbe verschiedene Pastellfarbtöne. Nach dem Trocknen malt ihr die Rückseiten mit den pastellfarbenen Acrylfarben schön bunt an. Danach bemalt ihr jeweils eine Innenrückwand: für eine Himmelskiste himmelblau, für eine Wiesenkiste wiesengrün und für eine Sonnenkiste sonnengelb. Bevor ihr nun weiterarbeiten könnt, müsst ihr alles erst trocknen lassen.

Sonnenkiste

- Zunächst beklebt ihr den Boden der Kiste mit Watte. Nun schneidet ihr aus farbigem Papier kleine Vögel und Schmetterlinge aus und klebt sie an die gelbe Rückwand. Als Nächstes befestigt ihr kleine Ostereier an feinen Nylonfäden. Ihr könnt hier alle möglichen Ostereier benutzen, z.B. kleine Holzeier oder selbst ausgeschnittene und bemalte Eier aus Pappe. Klebt die Eier mit Heißkleber an die Decke der Kiste. Vorsicht beim Umgang mit dem Heißkleber!

Himmelskiste

- Aus Watte formt ihr Wolken und klebt sie an die himmelblaue Innenrückwand. Den Boden der Kiste könnt ihr nun mit einem schönen Stoffstück bekleben.

Frühling

Osterwelten

- Befüllt einen Plastikbehälter mit etwas Erde, und pflanzt etwas Ostergras oder eine Blume hinein. In dieses Osternest könnt ihr nun kleine Ostereier legen und ein kleines Tier danebensetzen.

Wiesenkiste

- Beklebt als Erstes den Boden mit einem passenden Stück Stoff. Mit der Heißklebepistole klebt ihr nun auf die grüne Rückwand Plastik- oder Stoffblumen. Geht mit der Heißklebepistole vorsichtig um, und lasst euch von einem Frwachsenen helfen. Natürlich könnt ihr an die Rückwand auch die selbstgemachten **Häkelblumen** (S. 60 ff.) oder Blumen aus dem **Blumenmeer** benutzen (S. 21 ff.) Nun bepflanzt ihr den kleinen Plastikbehälter mit Frühblühern oder Ostergras und legt Ostereier hinein. Daneben setzt ihr ein kleines Tier, z.B. ein Häschen.

- Zum Aufhängen der Kisten bohrt ihr mit einem Handbohrer in die Seiten der Kisten im oberen Bereich jeweils 2 Löcher. Dies kann auch ein Erwachsener für euch übernehmen. Nun fädelt ihr etwas Nylongarn durch die Löcher und verknotet es.

- Mit 2 Nägeln über den Fenstern könnt ihr nun jeweils eine Kiste an den Nylonfäden aufhängen. Ihr könnt beim Aufhängen die Kisten so variieren, dass man mal die Außenseite der Kiste sieht und mal das Innenleben. So sind eure Osterwelten sowohl aus eurem Klassenzimmer, als auch von draußen zu bewundern.

Projekt 2

Osterwelten

Frühling | 17

Projekt 3

Hängende Minigärten als Fensterschmuck

Alter	ab 6
Zeitaufwand	2 Doppelstunden
Schwierigkeitsstufe	leicht
Anlass, Jahreszeit oder Fest	Frühling, fächerübergreifendes Arbeiten (Sachunterricht/Kunst)

Kurzbeschreibung

Aus leeren Plastikwasserflaschen, etwas Farbe sowie Erde und Pflanzen(-samen) kreiert ihr einen stylischen, hängenden Kräutergarten fürs Fenster.

Material

- ✓ leere, durchsichtige Getränkeflaschen mit Deckel, verschiedene Größen und Modelle, idealerweise pro Kind eine Flasche
- ✓ mehrere Folienstifte
- ✓ Scheren
- ✓ Acrylfarbe in verschiedenen Pastelltönen
- ✓ Pappteller als Paletten
- ✓ 1 Borstenpinsel Größe 6 pro Kind
- ✓ Wasserbehälter, Abdeckung
- ✓ Nylongarn
- ✓ Nadel oder Zirkel
- ✓ Blumenerde
- ✓ (Hänge-)pflanzen oder Pflanzensamen
- ✓ Aufhängung

Hängende Minigärten als Fensterschmuck

Projekt 3

So geht es

- Zeichnet mit dem Folienstift eine Öffnung auf eine umgedrehte, leere Wasserflasche. Die Öffnung solltet ihr im unteren Drittel der Flasche platzieren. Schneidet sie möglichst rund oder oval aus und groß genug, damit ihr die Flasche später bequem bepflanzen könnt.

- Umrahmt nun die Öffnung mit Acrylfarbe in der Farbe eurer Wahl, und malt mit der gleichen Farbe den Deckel an. Außerdem könnt ihr die Flasche noch mit wenigen Mustern verzieren, z.B. vereinzelten Punkten oder Streifen. Benutzt dabei immer nur eine Farbe, und bemalt die Flasche nicht zu viel, denn die Transparenz soll natürlich erhalten bleiben. Damit die Farbe auf dem Plastik wirklich deckt und gleichmäßig wirkt, solltet ihr mehrere Schichten Farbe auftragen und zwischen den einzelnen Schichten etwas Zeit zum Trocknen einplanen.

- Auf die fertigen Flaschen schraubt ihr die Deckel auf. Die Flaschen bleiben umgedreht. In den oberen Rand stecht ihr vorsichtig mit einer Nadel oder einem Zirkel 2 Löcher hinein, genau gegenüber voneinander. Durch beide Löcher fädelt ihr eine Nylonschnur und verknotet sie oben. Die Schnüre für die einzelnen Flaschen sollten unterschiedlich lang sein, sodass ihr sie versetzt ins Fenster hängen könnt.

- Arbeitet nun zu zweit: Einer hält die Flasche kopfüber fest, der Partner befüllt sie vorsichtig mit etwas Erde und sät die Pflanzensamen ein oder pflanzt die Pflanze ein.

- Eure kunstvollen Pflanzenbehälter könnt ihr nun mit den Nylonschnüren an einer Gardinenstange oder Rundholzstange aufhängen und den Pflanzen in euren Minigärten beim Wachsen zugucken. Vergesst das Gießen nicht!

Tipp
Zum Einpflanzen eignen sich besonders gut rankende oder hängende Pflanzen, z.B. Kapuzinerkresse oder rankende Erdbeerpflanzen.

Frühling 19

Hängende Minigärten als Fensterschmuck

Projekt 4

Blühendes Blumenmeer

ab 6	Alter
2–3 Doppelstunden	Zeitaufwand
mittel	Schwierigkeitsstufe
Frühling, Sommer	Anlass, Jahreszeit oder Fest

Kurzbeschreibung

Mit etwas feinem Silberdraht, Kleister und farbigem Transparent- oder Seidenpapier zaubert ihr eine wunderschöne, dreidimensionale, blühende Blumenwiese auf eure Fensterscheiben.

Material

- ca. 3 Rollen feiner Silber- oder Blumendraht
- Scheren
- mehrere Bogen farbiges Transparentpapier
- je eine Rolle hell- sowie dunkelgrünes Transparentpapier, oder auch gemustertes
- Kleister
- leere Jogurttöpfchen als Behälter für den Kleister
- Wasserbehälter, Abdeckung
- Klebefilm

Frühling

Blühendes Blumenmeer

So geht es

- Schneidet sehr feinen und gut biegsamen Silber- oder Blumendraht in 30–40 cm lange Stücke. Passt dabei auf, dass ihr euch nicht an den Drahtenden verletzt.

- Nun biegt ihr aus dem Draht die Blütenblätter. Dabei sind eurer Fantasie keine Grenzen gesetzt: Wie in der Natur sind große und kleinere, besonders feine oder auch ganz schlicht geformte Blüten möglich. Eine ganz leichte Variante gelingt euch, wenn ihr den Draht zu mehreren einfachen Schlaufen formt und die Enden nur zusammenwickelt.

- Euer Drahtgestell beklebt ihr anschließend mit dem Transparentpapier. Reißt oder schneidet euch dazu vorher Transparentpapierstücke zurecht, die etwas größer sind als das Teil, das ihr bekleben möchtet. Kleistert das Papier nun sparsam direkt mit euren Fingern ein, und legt es auf die Drahtform. Die überstehenden Ränder schlagt ihr nun eng um eure Form. Beim Trocknen spannt sich das Transparentpapier automatisch, sodass es nichts macht, wenn das Papier etwas durchhängt oder sich kleine Falten bilden.

- Für die Stängel befestigt ihr ein Stück Draht an der Blüte und umwickelt es mehrmals mit eingekleistertem Transparentpapier. Lasst eure fertigen Blumen nun über Nacht trocknen.

- Schneidet oder reißt nun aus grünem Transparentpapier eure „Wiese" aus. Am schönsten wird eure Fenstergestaltung, wenn ihr hierbei unterschiedliche Grüntöne benutzt. Die ausgeschnittenen oder gerissenen Stücke klebt ihr senkrecht mit etwas Klebefilm direkt auf die Fensterscheibe, sodass der untere Rand des Fensters etwa 30 cm breit mit dem Transparentpapier bedeckt ist. Besonders schön sieht es aus, wenn sich die einzelnen Teile überlappen oder auch einmal Lücken bleiben. Anschließend befestigt ihr mit etwas Klebefilm eure Blumen auf der Wiese. Klebt sie in unterschiedlichen Höhen auf, und lasst sie oben aus der Wiese herausschauen, das sieht besonders hübsch aus.

Tipp

Ihr könnt die Transparentpapierblüten auch an Ästen befestigen, wie in Projekt 16 „Häkelblumen" (S. 60ff.) beschrieben.

Blühendes Blumenmeer

Projekt 4

Blühendes Blumenmeer

24 | Fensterbilder – große Wirkung ohne Schablone

Projekt 5

Es kreucht und fleucht …

Alter	ab 6
Zeitaufwand	ca. 2 Doppelstunden
Schwierigkeitsstufe	leicht
Anlass, Jahreszeit oder Fest	Sommer, Thema Wiese

Kurzbeschreibung

Ihr gestaltet eine lebendige Wiesenlandschaft und ihre krabbelnden und fliegenden Bewohner mit buntem Tonpapier, Wachsmalern und Wasserfarben.

Material

- Bücher/Bilder zu Insekten und anderen Wiesenbewohnern (s. Medientipps, S. 95)
- Bleistifte
- DIN-A4-Papier
- Tonpapierstücke in verschiedenen Farbtönen
- Wachsmalstifte oder Ölkreiden
- Wasserfarben
- Pinsel
- Wasserbehälter, Abdeckung
- Transparentpapier
- Scheren
- Klebefilm

Für Variante „Transparente Kugeltiere"

- Luftballons (je 1 Ballon für 2 Kinder)
- farbiges Transparentpapier (ca. 2 Bogen pro Kind oder Reste)
- Kleister
- Tonpapier in unterschiedlichen Farben

Für Variante „Papiermaschee-Libellen"

- alte Zeitungen
- Kreppband
- Kleister
- Acryl- oder andere Flüssigfarbe
- Blumendraht
- Transparentpapier

Projekt 5

Es kreucht und fleucht …

So geht es

- Schaut euch in Büchern oder im Internet verschiedene Käfer und andere Insekten an. Besprecht, wie sie aussehen: Wie viele Beine könnt ihr zählen? Wie sehen die Flügel aus? Wo sitzen die Augen?

- Skizziert mit dem Bleistift auf dem Papier unterschiedliche Insekten, etwa so groß wie eure Handfläche.

- Übertragt nun eure 3 schönsten Entwürfe auf buntes Tonpapier. Zeichnet Details, wie die Augen und Muster, kräftig mit Ölkreiden oder Wachsmalern auf.

- Malt nun anschließend mit viel Wasser und wenig Wasserfarbe über das ganze Insekt. An den Stellen, wo ihr mit den Ölkreiden oder den Wachsmalern gemalt habt, perlt das Wasser ab. Nur an den anderen Stellen bleibt die Farbe haften. Das ergibt schöne Effekte. Einzelne Formen könnt ihr außerdem herausschneiden und mit farbigem Transparentpapier hinterkleben.

- Mit der gleichen Technik könnt ihr noch Wiesenblumen und Grasbüschel gestalten, die von euren Krabbeltieren bevölkert werden.

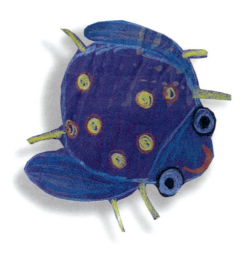

Sommer

Es kreucht und fleucht …

- Die getrockneten Insekten schneidet ihr mit der Schere aus und befestigt sie in unterschiedlichen Höhen mit Klebefilm auf der Fensterscheibe. Bringt dazwischen eure Gräser und Blumen an. Vielleicht versteckt ihr die Insekten ein bisschen dahinter?

- Oben an der Scheibe könnt ihr fliegende Insekten platzieren, z.B. Schmetterlinge, Bienen, Libellen oder Fliegen. Natürlich könnt ihr auch noch eine Sonne oder Wolken gestalten. Unten kommen die Krabbeltiere hin. Besonders schön wird es, wenn ihr auch noch die Wände neben den Fenstern mitgestaltet oder die Fensterbank mit einbeziehen könnt.

Es kreucht und fleucht …

Variante

Transparente Kugeltiere

Ihr könnt die Insekten, die ihr vorher aus Tonpapier gebastelt habt, auch noch plastisch gestalten. Das geht besonders gut bei Käfern, Spinnen und anderen Krabbeltieren.

- Ihr pustet dazu Luftballons so groß auf, wie der Bauch eures Insekts sein soll, also immer etwas kleiner als euer ausgeschnittenes Insekt.

- Dann umkleistert ihr den Ballon mit klein gerissenen Transparentpapierstücken. Ihr könnt hier gut in Zweierteams arbeiten: einer hält den Luftballon, der andere umkleistert ihn in mehreren Schichten.

- Lasst den Ballon dann trocknen.

- In die getrockneten, hart gewordenen Ballons stecht ihr nun vorsichtig mit einer spitzen Schere ein Loch und halbiert sie.

- Schneidet vorsichtig die Mitte des Bauchs aus eurem Insekt heraus.

- Nun klebt ihr jeweils eine Hälfte als Bauch mit Heißkleber auf eine Seite eines Insekts. Seid beim Umgang mit dem Heißkleber vorsichtig. Vielleicht lasst ihr euch von einem Erwachsenen helfen.

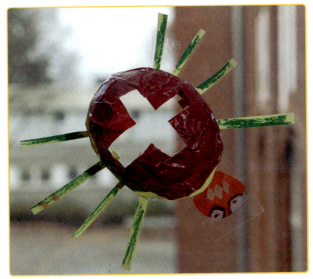

Projekt 5

Es kreucht und fleucht …

Variante

Papiermaschee-Libellen

Schöne Libellen und Schmetterlinge, die eure Fenster oder vielleicht sogar das ganze Klassenzimmer bevölkern, könnt ihr aus Papiermaschee basteln.

- Dazu formt ihr zunächst aus zusammengefalteter Zeitung eine lange Wurst, genauso lang, wie der Körper eurer Libelle oder eures Schmetterlings sein soll.

- Danach umwickelt ihr sie mehrmals mit Kreppband, damit sie stabiler wird. Lasst dabei die Rolle am hinteren Ende spitz zulaufen, genauso wie bei den echten Insekten.

- Formt nun noch aus zerknülltem Zeitungspapier den Kopf, und fixiert diesen mit Kreppband am vorderen Ende. Das geht am besten, wenn ihr zu zweit arbeitet.

- Nun umkleistert ihr den Insektenkörper in mehreren Schichten mit zerrissenem, eingekleistertem Zeitungspapier.

- Lasst alles gut trocknen, und bemalt eure Insektenkörper anschließend mit Acryl- oder Wasserfarbe.

- Aus etwas Blumen- oder feinem Silberdraht formt ihr nun die Flügel und umkleistert diese mit einfarbigem Transparentpapier oder Butterbrotpapier.

- Wenn auch diese getrocknet sind, befestigt ihr sie mit Heißkleber am Körper und lasst eure fertigen Insektenschönheiten am Nylonfaden vor eurem Fenster schweben.

Projekt
5

Es kreucht und fleucht …

Projekt 6

Unter Wasser – auf dem Fenster

Alter	ab 6
Zeitaufwand	ca. 2 Doppelstunden
Schwierigkeitsstufe	mittel
Anlass, Jahreszeit oder Fest	Sommer, Thema Meer

Kurzbeschreibung

Mit Hilfe von selbst gebastelten Schablonen und Fingerfarbe tupft ihr unterschiedliche Meeresbewohner direkt auf die Fenster. Nach und nach schafft ihr so gemeinsam eine schillernd-bunte Unterwasserwelt.

Material

- evtl. Bilder und Bücher oder Internetseiten mit Meeresbewohnern (s. Medientipps, S. 95)
- Bleistifte
- DIN-A3-Papier
- dünne DIN-A3-Pappe (z.B. Rückseite vom Zeichenblock oder 2 DIN-A4-Stücke)
- Scheren
- Klebefilm
- Schwämmchen
- Fingerfarben
- Wasserbehälter, Abdeckung
- Stempelutensilien (Korken, Moosgummi, Kartoffeln etc.)
- Küchenmesser

Unter Wasser – auf dem Fenster

So geht es

- Entwerft auf einem DIN-A3-Papier mit Bleistift unterschiedliche Meeresbewohner. Vielleicht habt ihr in eurer Klasse ein Lexikon oder anderes Bildmaterial, das ihr vorher anschauen könnt, z.B. Leo Lionnis Biderbuchklassiker „Swimmy". Wählt jeweils 2 Entwürfe aus.

- Zeichnet eure Meeresbewohner auf ein DIN-A4-Stück Pappe. Wenn ihr die Rückseite des Zeichenblocks benutzt, teilt diese in 2 Teile, und malt je ein Tier auf eine Hälfte. Piekst nun vorsichtig mit der Schere ein Loch in euer Unterwassertier, und schneidet es von innen entlang der vorgezeichneten Linien aus. Achtung: Ihr gestaltet eine Negativschablone, das heißt, nur der Teil mit dem Ausschnitt ist als Schablone wichtig (siehe Folgeseite). Das ausgeschnittene Teil braucht ihr nicht zum Austupfen, sondern nur noch als Vorlage für die Gestaltung.

- Befestigt eure fertigen Schablonen außen mit etwas Klebefilm auf der Fensterscheibe, sodass sie nicht mehr verrutschen können.

- Tupft nun mit einem Schwämmchen und wenig Fingerfarbe in unterschiedlichen Farbtönen den Ausschnitt vorsichtig aus. Helft euch hierbei gegenseitig in Partnerarbeit: Einer drückt die Schablone gut an, der andere tupft. Platziert eure Meerestiere neben- und übereinander, und lasst sie in unterschiedliche Richtungen schwimmen.

- Wenn alle Meeresbewohner ihren Platz gefunden haben, könnt ihr mit dem Schwämmchen und ockerfarbener Fingerfarbe den Meeresboden aus Sand tupfen. Nun könnt ihr noch Steine, Wasserpflanzen, Korallen und Muscheln stempeln. Stempelt mit Korken oder aufgeschnittenen Kartoffeln. Ihr könnt auch Formen aus Kartoffeln schnitzen oder aus Moosgummi ausschneiden. Passt beim Umgang mit dem Küchenmesser auf, dass ihr euch nicht schneidet!

- Wenn eure Tiere getrocknet sind, könnt ihr ihnen auch noch Augen aufstempeln. So entsteht nach und nach eine fantastische Unterwasserwelt auf eurer Fensterscheibe.

Projekt 6

Unter Wasser – auf dem Fenster

Projekt 7

Frisuren-Köpfe

ab 6	Alter
2 Doppelstunden	Zeitaufwand
leicht	Schwierigkeitsstufe
Einschulung/Begrüßung, Entlassung/Abschied, Schulfest, jede Jahreszeit	Anlass, Jahreszeit oder Fest

Kurzbeschreibung

Mit weißem Fotokarton, Butterbrotpapier, Filzstiften und geschreddertem Papier fertigt ihr ein Comicabbild von euch und speziell von eurer Frisur.

Material

- Bleistifte
- 2 Bogen weißes DIN-A3-Tonpapier pro Kopf
- Scheren
- Butterbrotpapier (Rolle oder einzelne Bogen)
- Klebestifte
- schwarze Filzstifte
- Aktenvernichter
- Zeitungspapier oder Abfallpapier, alternativ bereits geschreddertes Papier
- evtl. Comics oder Bilder von Comicfiguren
- Haarspangen, -bänder, -gummis, Gummiringe etc.
- Klebefilm

Sommer

Projekt 7

Frisuren-Köpfe

So geht es

- Zunächst faltet ihr das Tonpapier an der kurzen Seite auf die Hälfte. Zeichnet mit Bleistift die Außenlinie eures Kopfes darauf.

- Ca. 4 cm nach innen versetzt zeichnet ihr ein Gesichtsoval. Entlang dieser beiden Linien schneidet ihr nun den Kopf aus.

- Ihr habt nun automatisch den Kopf zweimal identisch, weil ihr ja vorher den Karton übereinander gefaltet habt.

- Nun legt ihr ein Kopfteil als Schablone auf ein Stück Butterbrotpapier. Übertragt das innere Oval mit Bleistift auf das Butterbrotpapier, und schneidet dieses mit einem 1 cm breitem Rand nach außen hin aus. Als Nächstes klebt ihr das Butterbrotpapier-Oval mit Klebestift zwischen die Kopfteile aus Karton. Auf das Butterbrotpapier malt ihr mit schwarzem Filzstift ein Gesicht auf. Orientiert euch dabei an Comics, und zeichnet ganz einfache Formen.

- Nun kommt noch eure Frisur an den Kopf. Dazu schreddert ihr zunächst viel Papier und klebt es von beiden Seiten mit Klebestift an den Kopf. Wenn die Streifen fest kleben, schneidet ihr eine Frisur und frisiert sie mit Spangen und Gummis.

- Jetzt schneidet ihr aus den übrig gebliebenen Papierovalen Sprechblasen, umrandet sie schwarz und schreibt vielleicht eure Namen hinein. Dann klebt ihr alles mit Klebefilm in die Fenster, ruhig auch auf dem Kopf oder schräg, das sieht lustig aus.

Tipp

Einfache Papierschredder mit Handkurbel gibt es günstig in Schreibwarengeschäften. Ihr könnt natürlich auch im Sekretariat eurer Schule oder jedem anderen Büro nach fertig geschreddertem Papier fragen.

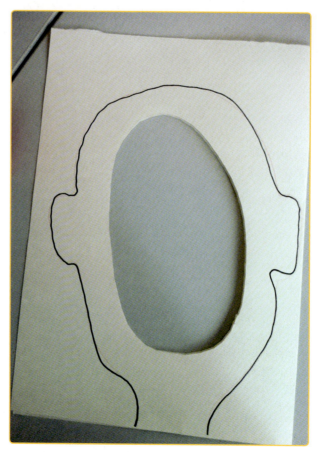

Herbst

Projekt 8

Buchstabenäste

Alter	ab 6 in kleinen Gruppen
Zeitaufwand	2 Doppelstunden
Schwierigkeitsstufe	leicht
Anlass, Jahreszeit oder Fest	1. Schuljahr zur Einführung von Buchstaben, Buchstabe der Woche, für Ältere zur Begrüßung der Schulneulinge etc.

Kurzbeschreibung

Aus schönen Ästen und verschiedenen Alltagsmaterialien sowie etwas Pappe und ein wenig Farbe gestalten wir Buchstaben-Themenäste, mit denen das Lernen besonders viel Spaß macht.

Material

- dicke Äste mit Verzweigungen (schön sind z.B. gedrehte Äste von Korkenzieherweiden (ø 3 cm)
- evtl. Gartenschere
- Acrylfarbe in Weiß und den Grundfarben zum Mischen von Pastelltönen
- Pinsel
- Wasserbehälter, Abdeckung
- DIN-A4-Pappe (2 pro Buchstabe), hier eignen sich dünnere Kartons aus dem Altpapier
- Scheren
- Anlautgegenstände, die an die Äste gehängt werden können, z.B. Stoffaffe für A
- Nylongarn, evtl. in verschiedenen Dicken
- Heißkleber

Projekt 8

Buchstabenäste

So geht es

- Hier arbeitet ihr in Gruppen von etwa 3 Kindern. Sucht vorab schöne, trockene Äste im Wald, im Park oder auf dem Schulhof. Evtl. kann ein Erwachsener kleine Zweige mit einer Gartenschere entfernen.

- Mischt aus weißer und farbigen Acrylfarben verschiedene Pastelltöne. Bemalt die Äste jeweils mit einer Farbe, und lasst sie gut trocknen.

- Malt danach den Buchstaben, zu dem ihr den Ast gestaltet, in großen Druckbuchstaben 2-mal auf Pappe auf, und schneidet ihn aus. Malt nun die Buchstaben jeweils von der spiegelverkehrten Seite weiß und von der richtigen Seite rot an.

- Als Nächstes klebt ihr sie mit Heißkleber nebeneinander auf den Ast. Lasst euch bei der Arbeit mit der Heißklebepistole von einem Erwachsenen helfen. Klebt die Buchstaben einmal richtig herum und einmal spiegelverkehrt auf. Das ist wichtig, damit man den Buchstaben auch von draußen richtig herum lesen kann.

- Überlegt nun, welche Dinge mit diesem Buchstaben anfangen und sich eignen, um an den Ast gehängt zu werden.

- Als Hausaufgabe könnt ihr eure Schubladen nach geeigneten „Anfangsbuchstaben-Dingen" durchforsten und diese mit in die Schule bringen. Wählt nun aus eurer Ausbeute die schönsten Dinge aus, und bindet sie mit Nylonfäden an den Ast an. Gegebenenfalls müsst ihr das eine oder andere Teil auch mit Heißkleber fixieren. Andere könnt ihr vielleicht zwischen oder auf die Äste stecken.

- Zum Aufhängen befestigt ihr an jedem Ast 2 Nylonschnüre und hängt sie in unterschiedlichen Höhen in die Fenster. Wenn ihr auf diese Weise das ganze Alphabet gestalten wollt, braucht ihr „viiieele" Fenster … aber natürlich könnt ihr mit den Ästen auch noch einzelne Wände dekorieren oder die Buchstabenäste von der Decke in den Raum schweben lassen.

Herbst

Projekt 9

Gruselige Halloween-Drucke

Alter	ab 6 (mit Hilfe)
Zeitaufwand	ca. 2 Doppelstunden
Schwierigkeitsstufe	🎭🎭 mittel
Anlass, Jahreszeit oder Fest	Halloween; Gruselparty; je nach Motiv auch andere Anlässe

Kurzbeschreibung

Aus Moosgummi und Pappe bastelt ihr eure eigenen Druckvorlagen, mit denen ihr farbiges Transparentpapier bedruckt. Auf diese Weise gestaltet ihr z.B. eine schaurig-schöne Fensterdeko zu Halloween.

Material

- Zeichenblöcke
- Bleistifte
- DIN-A4-Pappe (jeweils 1 Bogen für 2 Kinder)
- Moosgummi (jeweils 1 DIN-A4-Bogen für 2 Kinder)
- spitze Scheren
- Flüssigklebstoff oder Klebestifte
- schwarze Linoldruckfarbe oder ersatzweise schwarze Acrylfarbe
- 3–4 Plexiglasscheiben oder Unterlagen aus anderem glatten, harten Material (z.B. ein Platzdeckchen aus hartem Gummi, ein Kunststofftablett ...)
- 3–4 kleine Linoldruckwalzen, ersatzweise Lackierrollen
- Wasserbehälter, Abdeckung
- Transparentpapier in relativ hellen Farben (1 DIN-A4-Bogen pro Kind)
- schwarzes Tonpapier (1 DIN-A4-Bogen pro Kind)
- Cutter

Fensterbilder – große Wirkung ohne Schablone

Gruselige Halloween-Drucke

So geht es

- Für diese schaurig-schöne Halloween-Gestaltung zeichnet zunächst mit dem Bleistift gruselige Entwürfe, z.B. Skelette, Monster, Totenköpfe, Geister oder Kürbisfratzen. Arbeitet nicht zu kleinteilig. Natürlich könnt ihr euch dazu auch noch passende Begriffe überlegen, die ihr später auf das Transparentpapier druckt.

- Wenn eure Zeichnung fertig ist, überlegt genau, welche Teile ihr ausschneiden müsst, um einen Positivstempel herzustellen. Das heißt, die Teile die ihr aus Moosgummi ausschneidet und auf die Pappe klebt, sind hinterher als Druck sichtbar. **Achtung**: Dabei müsst ihr bedenken, dass ihr z.B. Buchstaben spiegelverkehrt aufkleben müsst, damit ihr die Wörter hinterher richtig lesen könnt.

- Schneidet diese Teile nun genau an den Rändern mit einer spitzen Schere aus, und klebt sie vorsichtig mit etwas flüssigem Klebstoff auf euer festes Pappstück. Das kann z.B. die geteilte Papprückseite eines DIN-A4-Zeichenblocks sein. Lasst den Klebstoff kurz trocknen.

- Es ist sinnvoll, wenn ihr nun im Klassenraum mehrere Druckstationen einrichtet, an denen ihr gruppenweise arbeiten könnt, jeweils mit einer Unterlage und einer Rolle. Schiebt dazu mehrere Tische zusammen, und deckt sie mit Zeitungspapier ab.

- Eure fertigen Druckvorlagen färbt ihr nun mit ganz wenig Linoldruckfarbe ein. Dazu gebt ihr einen kleinen Klecks Farbe auf eure Plexiglasunterlage und verteilt ihn mit eurer Rolle. Mit der Rolle streicht ihr so lange auf eure Moosgummigestaltung, bis alles komplett eingefärbt ist.

Gruselige Halloween-Drucke

- Nun dreht ihr euren selbstgestalteten Stempel vorsichtig um und druckt ihn auf das vorbereitete Transparentpapier, dabei dürft ihr nicht wackeln. Lasst euren Druck trocknen.

- Besonders klasse sehen eure Fensterdrucke aus, wenn ihr das Transparentpapier zwischen einen Rahmen aus schwarzem Tonpapier klebt. Legt dafür 2 Bogen Tonpapier übereinander, und schneidet mit dem Cutter oder mit einer spitzen Schere einen Ausschnitt aus, der etwas kleiner als euer Transparentpapier ist. Wenn ihr mit dem Cutter arbeitet, legt eine dicke Zeitungsschicht unter, und passt auf, dass ihr euch nicht schneidet. Der Rahmen sollte etwa 2 cm breit sein. Zwischen die fertig ausgeschnittenen Rahmen klebt ihr nun euren Druck.

- Hängt eure bedruckten Fensterbilder nun mit wenig Abstand zueinander ins Fenster, und genießt die Wirkung, wenn das Licht von außen gegen das farbige Papier scheint.

Fensterbilder – große Wirkung ohne Schablone

Scherenschnitte

Projekt 10

ab 6	Alter
1–2 Doppelstunden	Zeitaufwand
leicht	Schwierigkeitsstufe
Sankt Martin, Herbst, Ostern, aber auch zu jeder anderen Zeit sehr wirkungsvoll	Anlass, Jahreszeit oder Fest

Kurzbeschreibung

Eine sehr schöne und schlichte Fenstergestaltung könnt ihr aus schwarzem Tonpapier oder speziellem Scherenschnittpapier kreieren. Der Effekt ist toll, wenn sich die ausgeschnittenen, schwarzen Elemente vom farbigen Hintergrund absetzen.

Material

- ✓ Zeichenblöcke
- ✓ Bleistifte
- ✓ Scheren, nach Möglichkeit spitz
- ✓ 1 DIN-A4-Bogen Scherenschnittpapier pro Kind (von einer Seite weiß), wahlweise schwarzes Tonpapier
- ✓ Klebefilm
- ✓ Lampe oder Strahler für die Variante

So geht es

- Macht zu dem Thema, zu dem ihr arbeiten möchtet, zunächst ein paar einfache Bleistiftskizzen auf eurem Zeichenblock. Schaut euch evtl. Bilderbücher oder andere Bildvorlagen zum Thema an, das inspiriert!

- Übertragt nun mit einem Bleistift die Elemente, die euch besonders gut gefallen, auf das Tonpapier oder die Rückseite des Scherenschnittpapiers. Anschließend schneidet ihr die einzelnen Teile vorsichtig aus. Für sehr feine Teile benutzt ihr

Scherenschnitte

am besten spitze Scheren, z.B. Nagelscheren. Besonders toll sieht es aus, wenn ihr auch Schrift mit einbaut. Wenn ihr die Buchstaben auf die weiße Rückseite des Scherenschnittpapiers zeichnet, müsst ihr daran denken, dass ihr sie spiegelverkehrt aufzeichnet, damit sie hinterher richtig herum auf der Scheibe zu lesen sind. Die fertigen Teile könnt ihr mit zusammengerolltem und auf die Rückseiten geklebtem Klebefilm auf die Fensterscheiben kleben.

Variante

- Ihr könnt natürlich auch Scherenschnitte mit richtigen Schattenbildern gestalten. Das geht z.B. super mit euren Profilen, also der Seitenansicht eures Kopfes.

- In Kleingruppen, z.B. zu viert, könnt ihr hier am besten vorgehen. Ein Kind setzt sich im abgedunkelten Raum zwischen die Wand und eine Lichtquelle. Die Lampe oder der Strahler beleuchtet das Profil des Kindes. Hinter dem Kind halten 2 andere Kinder die weiße Rückseite des Schattenrisspapiers an die Wand. Es bildet sich der Schatten des Profils. Vielleicht müsst ihr ein bisschen ausprobieren, wo das Kind sitzt und wo die Lichtquelle steht, damit das Profil klar zu sehen ist und auf das Papier passt.

- Ein viertes Kind zeichnet nun den Schatten mit Bleistift nach. Ihr wechselt euch ab, bis jedes Kind aus der Klasse sein eigenes Schattenprofil in den Händen hält.

- Nun schneidet ihr die Schattenbilder aus und befestigt sie wie oben beschrieben am unteren Rand der Fensterscheibe. Wenn ihr nicht alle auf dem Fenster Platz findet, macht das nichts. Dann bezieht ihr einfach noch die benachbarten Wände mit ein.

Fensterbilder – große Wirkung ohne Schablone

Projekt 11

Laminierte Herbstbilder

ab 6 in kleinen Gruppen	Alter
1–2 Doppelstunden	Zeitaufwand
leicht	Schwierigkeitsstufe
Herbst, variiert mit Blüten auch im Sommer möglich	Anlass, Jahreszeit oder Fest

Kurzbeschreibung

Aus euren gesammelten bunten Herbstblättern entstehen mit Transparentpapier und Laminierfolie kunstvolle Fensterbilder.

Material

- ✓ gepresstes Herbstlaub in unterschiedlichen Größen, Formen und Farben
- ✓ Seiden- und/oder Transparentpapier
- ✓ Scheren
- ✓ DIN-A4-Laminierfolien
- ✓ Laminiergerät
- ✓ evtl. Locher
- ✓ evtl. Nylongarn

Herbst 45

Projekt 11

Laminierte Herbstbilder

So geht es

- Wenn sich das Laub draußen langsam bunt färbt, wird es Zeit, den Klassenraum zu verlassen und die schönsten gefärbten Blätter zu sammeln.

- Legt einige Zeit vor der Arbeit an den Fensterbildern eure gesammelten Blätter zwischen 2 Zeitungsseiten, und presst sie ein paar Tage unter dicken Büchern. Ihr könnt auch mit frischen Blättern arbeiten, wenn sie nicht zu dick und feucht sind. Wir haben beides ausprobiert.

- Öffnet nun eure Laminierfolie. Legt die Blätter oder zurechtgeschnittene Teile davon zusammen mit ausgeschnittenen Stücken von Transparentpapier auf die eine Hälfte. Arbeitet frei, lasst Muster entstehen oder bleibt abstrakt. Natürlich könnt Ihr auch zu verschiedenen Themen arbeiten und die Blätter zu Unterwasserbildern oder Blumenwiesen arrangieren. Besonders reizvoll wird es, wenn Ihr mit anderen Materialien experimentiert, z.B. mit durchscheinenden bunten Bonbonpapieren oder farbigem Transparentpapier.

- Wenn ihr alles so auf eine Folie gelegt habt, wie es euch gefällt, klappt ihr die zweite Folienhälfte vorsichtig herunter. Passt dabei auf, dass nichts an den Seiten übersteht und auch nichts mehr verrutscht. Laminiert die Folie. Achtet dabei darauf, sie mit der geschlossenen Seite zuerst in das Laminiergerät einzulegen.

- In die fertig laminierten Kunstwerke könnt ihr oben mit dem Locher 2 Löcher einstanzen und sie an durchsichtigen Nylonfäden an euer Fenster hängen. Ihr könnt sie auch mit Klebefilm direkt auf der Scheibe befestigen.

Tipp

Diese Gestaltung eignet sich auch, um themenorientiert zu arbeiten. Erstklässer können auf diese Weise z.B. Buchstaben oder Zahlen gestalten. Es können Selbstporträts von allen Schülern der Klasse oder auch die Namen auf die beschriebene Art entstehen.

Projekt 12

Leuchtender Beamer-Willkommensgruß

Alter	ab 6
Zeitaufwand	1–2 Doppelstunden
Schwierigkeitsstufe	leicht, das Projekt muss jedoch von einer technisch versierten Person unterstützt werden
Anlass, Jahreszeit oder Fest	Winter/dunkle Jahreszeit, Advent/Weihnachten, Karneval

Kurzbeschreibung

Hier wird die dunkle Jahreszeit genutzt, um die eintreffenden Schüler frühmorgens mit einem leuchtend bunten Bild auf der Eingangstür oder einem Fenster zu begrüßen. Das Bild wird per Beamer auf eine mit Buttermilch bestrichene Glasscheibe projiziert.

Material

- ✓ DIN-A4-Papier
- ✓ Pinsel, Wasserfarben oder andere Materialien zum Malen, z.B. Wachsmaler
- ✓ Digitalkamera oder Scanner
- ✓ Beamer mit Ständer
- ✓ Computer oder DVD-Spieler
- ✓ 1 Velours-Farbrolle
- ✓ ca. 1 Becher Buttermilch
- ✓ 1 flache Schale
- ✓ ca. 1 Becher Buttermilch
- ✓ 1 flache Schale

Leuchtender Beamer-Willkommensgruß

Projekt 12

So geht es

- Überlegt euch zunächst ein Motiv, das ihr auf die Eingangstür oder auf ein Fenster im Eingangsbereich der Schule projizieren möchtet. Ihr könnt z.B. ein Winterbild malen oder aber ein besonders farbenprächtiges Bild, das die dunkle Jahreszeit erleuchten soll.

- Fotografiert euer Bild mit der Digitalkamera, und speichert es auf dem Computer. Ihr könnt das Bild auch einscannen. Ein Erwachsener kann euch das fertige Foto nun per Beamer auf eine Glastür oder ein Fenster im Eingangsbereich projizieren.

- Dazu müsst ihr die Glasfläche zunächst mit Hilfe einer Farbrolle aus Velours mit Buttermilch einstreichen, damit sie milchig wird und als Leinwand dienen kann. Nun lasst ihr das Ganze trocknen, und fertig ist eure spezielle „Milchglasscheibe". Das Foto wird nun auf diese Glasfläche projiziert, und ihr werdet morgens auf dem noch dunklen Schulhof mit diesem besonderen Leuchtbild begrüßt.

- Ganz besonders spannend wird es natürlich, wenn ihr mit immer neuen Bildern überrascht werdet. Wie wäre es z.B. mit von euch gemalten Porträts der Lehrer, und alle müssen raten, wer euch da entgegenstrahlt?

- Dieses Projekt eignet sich auch super für einen ganz besonderen, leuchtenden Adventskalender, auf dem ihr jeden Morgen ablesen könnt, wie viele Tage schon bis Weihnachten vergangen sind. Ihr gestaltet Kalenderblätter vom 1. bis zum 24. Dezember mit großen Zahlen drauf. Nun könnt ihr euch jeden Tag bis Weihnachten an einem neuen, leuchtenden Adventsbild erfreuen und zusehen, wie schnell die Zeit bis Weihnachten vergeht.

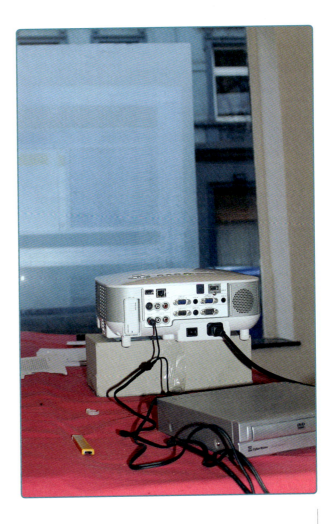

Projekt 13

Christbaumkugeln und Weihnachtszapfen

Alter	ab 6
Zeitaufwand	ca. 2 Doppelstunden
Schwierigkeitsstufe	leicht
Anlass, Jahreszeit oder Fest	Advent, Weihnachten

Kurzbeschreibung

Aus Pappe, Farbe und bunten Stoffbordüren bastelt ihr überdimensionale Christbaumkugeln und -zapfen, die in der Weihnachtszeit eure Fenster schmücken.

Material

- Buntstifte
- DIN-A4-Papier
- DIN-A3-Pappe, z.B. Rückseite von Zeichenblöcken für jedes Kind (nach Wunsch auch größer)
- Scheren
- Acrylfarben oder Plakatfarben
- Borstenpinsel
- Wasserbehälter, Abdeckung
- Wachsmalstifte oder Ölkreiden
- Glitzerstifte oder Glitzerklebstoff
- Pailletten, kleine Pompons
- schöne, gemusterte Stoffe oder Papiere, z.B. Geschenkpapier
- Stoffbordüren, Spitze etc.
- Wolle oder Goldkordel
- Flüssigklebstoff oder Heißkleber

Projekt 13

Christbaumkugeln und Weihnachtszapfen

So geht es

- Schaut euch verschiedene Christbaumkugeln und -zapfen an. Vielleicht findet ihr Abbildungen von ganz alten, besonders schönen Exemplaren im Internet (s. Medientipps, S. 95).
Oder ihr fragt eure Oma, ob sie vielleicht noch ein altes Familienstück im Keller hütet.

- Lasst euch von diesen Vorlagen inspirieren, und zeichnet nun eigene Entwürfe mit bunten Mustern.

- Die schönste Gestaltung wählt ihr anschließend aus und zeichnet sie groß auf eure DIN-A3-Pappe. Ihr könnt auch eine größere Pappe nehmen, dann müsst ihr aber mehr Zeit und Material einplanen.

- Schneidet die Form nun aus, und malt sie zunächst mit einer Grundfarbe an – erst von der einen Seite und, wenn diese trocken ist, auch von der anderen Seite.

- Wenn beide Seiten trocken sind, könnt ihr von beiden Seiten bunte Muster aus ausgeschnittenen Papierschnipseln oder Stoffstücken aufkleben oder die Kugeln und Zapfen von beiden Seiten mit schönen Stoffbordüren, Pailletten oder Glitzer verzieren. Natürlich könnt ihr verschiedene Muster auch mit Wachsmalern oder mit einer zweiten Schicht Farbe aufmalen.

Winter

Projekt 13

Christbaumkugeln und Weihnachtszapfen

Christbaumkugeln und Weihnachtszapfen

- In eure fertigen Weihnachtskugeln stanzt ihr oben mit dem Locher ein Loch, befestigt daran eine Goldkordel oder einen Wollfaden und hängt sie vor das Fenster. Besonders schön weihnachtlich wird es, wenn ihr ganz viele Kugeln und Zapfen in verschiedenen Größen und leuchtenden Farben und natürlich mit viel Glitzer und Glamour vor eine ganze Fensterfront hängt.

> Projekt
> 14

Eisvögel

Alter	ab 6
Zeitaufwand	1 Doppelstunde
Schwierigkeitsstufe	🔖 leicht
Anlass, Jahreszeit oder Fest	Winter

Kurzbeschreibung

Wenn es draußen klirrend kalt ist und das Thermometer mehrere Grad unter Null sinkt, ist genau der richtige Zeitpunkt gekommen, um diese zauberhafte, gefrorene Outdoor-Fenster-Deko zu gestalten.

Material

- buntes Tonpapier
- Scheren
- Buntstifte
- Glitzer, Glimmer, Pailletten, Bastelfedern etc.
- Klebestift
- Laminierfolien
- Laminiergerät
- Heißkleber oder guter Alleskleber
- flache Gefäße, Deckel, Untertassen oder Teller
- goldene oder silberne Geschenkkordel
- Wasser

Projekt 14

Eisvögel

So geht es

- Zeichnet mit Buntstiften Fantasievögel auf das farbige Tonpapier. Die Vögel müssen auf jeden Fall etwas kleiner sein als die Gefäße, in die ihr sie später legt. Schneidet sie aus, und bemalt sie auch noch von der Rückseite. Nun könnt ihr sie noch mit Glitzerstiften, Pailletten oder Ähnlichem zum Funkeln bringen.

- Die fertigen Vögel werden anschließend laminiert, damit sie vor Feuchtigkeit geschützt sind. Dann schneidet ihr sie wieder aus. Achtet dabei darauf, dass ihr etwas Abstand zum Rand der Vögel stehen lasst, damit die Folie nicht aufgeht.

- Nun könnt ihr mit Heißkleber oder einem guten Alleskleber noch Federn etc. aufkleben, damit die Vögel noch hübscher werden. Außerdem befestigt ihr mit dem Klebstoff oben am Kopf der Vögel noch eine Schnur, die ihr später zum Aufhängen eurer Eisvögel benutzt. Besonders hübsch sieht goldene oder silberne Geschenkkordel aus, wie man sie häufig in der Weihnachtszeit findet, normales Paketband tut es aber auch. Macht eine etwa 50 cm lange Schlaufe.

- Die so vorbereiteten Vögel legt ihr nun in eine flache Schale, einen Teller, Blumenuntersetzer etc. Die Schale füllt ihr mit Wasser. Ihr könnt jetzt auch noch einmal Glitzer, Perlen oder Ähnliches einstreuen.

- Nun müsst ihr die Schüssel nur noch über Nacht draußen stehen und einfrieren lassen. Am nächsten Morgen könnt ihr die eisigen Kreaturen aus der Form nehmen und draußen vor eurem Fenster aufhängen.

- Falls es dort keine Möglichkeit zum Aufhängen gibt, könnt ihr die Vögel auch in einen Baum hängen. Oder ihr friert statt der Schnur unten einen Schaschlikspieß mit ein – wie bei einem Eis am Stiel – und steckt eure Eisvögel in Blumenkästen vor das Fenster.

- Natürlich könnt ihr auf diese Weise auch Eisbären, Eisblumen oder Eisprinzessinnen vor euer Fenster zaubern.

Winter

Projekt 14

Eisvögel

56 | Fensterbilder – große Wirkung ohne Schablone

Projekt 15

Wunderschöne Matrjoschkas

ab 8	Alter
3 Doppelstunden	Zeitaufwand
schwierig	Schwierigkeitsstufe
Winter, Advent/Weihnachten	Anlass, Jahreszeit oder Fest

Kurzbeschreibung

Bestimmt kennt ihr alle Matrjoschkas, die russischen, bunt bemalten Holzpüppchen, die sich ineinanderschachteln lassen. Sie sind auch bei uns als Souvenir oder Spielzeug sehr beliebt; und uns gefallen sie so gut, dass wir sie aus Ton- und Transparentpapier gebastelt haben, um unsere Fenster in der Weihnachtszeit damit zu verzieren.

Material

- ✓ Vorlagen von Matrjoschkas aus dem Internet oder echte Matrjoschkas (s. Medientipps, S. 95)
- ✓ DIN-A4-Papier
- ✓ Buntstifte
- ✓ spitze Scheren
- ✓ schwarzes Tonpapier
- ✓ Klebestifte
- ✓ farbiges Transparentpapier
- ✓ evtl. schwarze Folienstifte

Winter 57

Projekt 15

Wunderschöne Matrjoschkas

So geht es

- Seht euch zuerst Bilder und Fotos von Matrjoschkas, z.B. im Internet an. Vielleicht hat auch jemand von euch so ein Spielzeug zu Hause und kann es mitbringen.

- Zeichnet nun eigene Matrjoschka-Entwürfe mit Buntstiften auf euer Zeichenpapier. Die Form ist ganz einfach und ähnelt einem Kegel. Auch die Gesichtszüge mit den großen Augen und den runden Bäckchen sind sehr stilisiert, also vereinfacht. Wenn die Form etwas schief wird, macht das nichts. Es ist sehr reizvoll, wenn alle Figuren etwas anders und eigen aussehen.

- Bei den Matrjoschkas ist die Bemalung besonders wichtig. Entwerft eigene Muster und Formen. Passt aber auf, dass sie nicht zu kompliziert werden, weil ihr sie ja später ausschneidet.

- Faltet nun das Tonpapier genau in der Mitte, sodass 2 gleich große Bogen übereinanderliegen. Mit dem Bleistift übertragt ihr nun euren Entwurf auf das Tonpapier. Zeichnet nun in etwa 1–2 cm Abstand vom Rand einen zweiten Rand für den Körper und einen für das Gesicht ein.
Lasst dazwischen auch einen Steg aus Tonpapier für den Hals stehen. Schneidet zunächst den inneren Rand heraus, also die Füllung für das Gesicht und den Körper. Schneidet die Figur dann an den Außenrändern aus.

- So erhaltet ihr 2 gleiche, „leere" Matrjoschkaformen. Schneidet farbiges Transparentpapier in unterschiedlichen Farben zurecht, sodass es auf den schwarzen Tonpapierrand passt. Klebt es auf, und klebt dann die zweite Tonpapierform darauf. Beim Festkleben müsst ihr darauf achten, dass beide Formen wirklich genau übereinanderliegen.

- Nun zeichnet ihr auf das herausgeschnittene Tonpapier Nase, Mund, Augen, Haaransatz und natürlich das Muster für das Kleid, das ihr euch vorher überlegt habt. Schneidet alle Teile aus. Besonders klasse sieht es natürlich aus, wenn die Matrjoschkas von beiden Seiten beklebt werden, damit man sie auch von draußen gut sehen kann. Dazu müsst ihr das Papier vor dem Ausschneiden wieder falten, sodass ihr alle Teile doppelt bekommt.

- Wer noch große Schwierigkeiten beim Ausschneiden der kleinen Teile hat, kann auch etwas schummeln und sie z.B. mit schwarzem Folienstift aufmalen.

Tipp

Besonders schön wird eure Deko, wenn ihr Matrjoschkas in verschiedenen Größen gestaltet, eben so wie bei den echten Püppchen, von ganz klein bis ganz groß.

Projekt 15

Wunderschöne Matrjoschkas

Winter 59

Projekt 16

Häkelblumen

Alter	ab 8
Zeitaufwand	2–3 Doppelstunden
Schwierigkeitsstufe	🥾🥾🥾 schwierig
Anlass, Jahreszeit oder Fest	Winter, auch Frühling

Kurzbeschreibung

Mit verschiedenen Garnen und anderen Materialien, die sich verhäkeln lassen, werden kahle Winterzweige zu blühenden Sträußen.

Hinweis

Für diese Blumen solltet ihr bereits etwas Häkeln geübt haben. Eine grundlegende Anleitung, die aber das Üben nicht ersetzen kann, findet ihr auf S. 6 f.

Material

- ✓ Packband, Stoffreste, Kordeln, Plastiktüten, Fellwolle, Bast etc.
- ✓ Scheren
- ✓ Häkelnadeln Stärke 4–5
- ✓ dicke, stumpfe Nähnadeln
- ✓ Pompons, Knöpfe, dicke Perlen etc. für das Blüteninnere
- ✓ Heißkleber
- ✓ schöne, kahle Äste
- ✓ alte Vasen

Projekt 16

Häkelblumen

So geht es

Garn herstellen

- Zunächst stellt ihr euer eigenes Häkelmaterial aus alten Stoffen und Plastiktüten her. Dazu zerschneidet ihr Stoff zu etwa 0,5 cm breiten Streifen. Am besten funktioniert das, wenn ihr dabei zu zweit arbeitet: Einer hält dabei den Stoff, der andere schneidet und verknotet die Enden jeweils zu einem langen Band, das ihr zu einem Knäuel aufwickelt.

- Die Plastiktüten schneidet ihr wie eine Orangenschale in einer Endlosspirale auf. Ein Kind hält die Tüte, eins schneidet. Wenn die Tüte reißen sollte, knotet ihr die Enden einfach zusammen. Danach wickelt ihr euer Plastikband zu einem Knäuel auf.

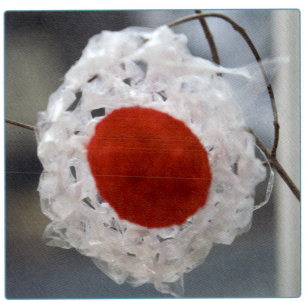

Winter

Projekt 16

Häkelblumen

Blumen häkeln

- Zunächst nehmt ihr 3 Luftmaschen auf und schließt diese zu einem Kreis, indem ihr wieder in die erste Masche stecht. Ab jetzt müsst ihr jede Masche doppelt häkeln. Ihr häkelt immer weiter im Kreis, bis die Blume einen Durchmesser von ca. 10–15 cm hat.

- Nun müsst ihr nur noch den Faden mit der dicken Nadel vernähen. Fädelt dazu die Fadenenden nacheinander auf die Nähnadel. Näht mehrfach locker hin und her, am besten so, dass man es auf der Blume nicht so deutlich sieht.

- Mit Heißkleber klebt ihr anschließend schöne Knöpfe, Pompons, kleine ausgeschnittene Filzkreise etc. für das Blüteninnere ein. Wenn alle Blüten fertig sind, klebt ihr diese mit Heißkleber an die Äste und dekoriert diese dann in den Vasen.

- Ausgefallene Vasen bekommt ihr in Trödelläden oder auf dem Flohmarkt für wenig Geld, oder aber ihr stöbert mal bei eurer Oma im Schrank.

Variante

Die Häkelblumen lassen sich auch sehr gut mit Blüten aus Draht und Transparentpapier kombinieren. Gestaltet dazu die Blüten nach der Beschreibung auf Seite 21ff. Dann könnt ihr die fertigen Blüten einfach mit etwas Silberdraht an den Ästen befestigen.

Fensterbilder – große Wirkung ohne Schablone

Alle Jahreszeiten

Projekt 17

Eulen, Monster und andere Pappenheimer

Alter	ab 6
Zeitaufwand	1–2 Doppelstunden
Schwierigkeitsstufe	leicht
Anlass, Jahreszeit oder Fest	jederzeit möglich, evtl. fächerübergreifend

Kurzbeschreibung

Aus leeren Toilettenpapierrollen stellt ihr im Handumdrehen zauberhafte Wesen her, mit denen ihr eure Fenster verschönern könnt.

Material

- ✓ DIN-A4-Papier
- ✓ schwarze Fineliner
- ✓ mindestens 1 leere Toilettenpapierrolle pro Kind
- ✓ Acryl-, Plakat- oder Wasserfarbe
- ✓ Borstenpinsel
- ✓ Wasserbehälter, Abdeckung
- ✓ Nylongarn
- ✓ evtl. schwarze Federn
- ✓ evtl. Flüssigklebstoff
- ✓ evtl. Heißkleber
- ✓ evtl. Äste

Fensterbilder – große Wirkung ohne Schablone

Eulen, Monster und andere Pappenheimer

So geht es

- Knickt beim oberen Ende eurer Toilettenpapierrolle 2 Ränder so gegeneinander um, dass 2 Spitzen entstehen. Diese Spitzen sind später die Ohren oder Hörner eurer Kreaturen.

- Zeichnet mehrmals die Vorderansicht eurer Rolle mit den Spitzen rechts und links auf euer Zeichenblockblatt, möglichst in Originalgröße. Das ist eure Ausgangsform, auf die ihr mit dem Fineliner Gesichter und den Körper eures Fantasiewesens aufzeichnet.

- Nun dürft ihr eurer Fantasie freien Lauf lassen und alle möglichen Wesen erschaffen, z.B. Eulen, Katzen, Monster, Püppchen oder Bären. Probiert dabei verschiedene Formen aus. Umrandet z.B. die Augen besonders, spielt mit einzelnen Details. Ihr arbeitet ja nur mit dem Fineliner, deshalb kommt es auf verspielte Einzelheiten an, damit eure Figur später auch gut wirkt.

- Wählt nun einen Entwurf aus. Malt die Toilettenpapierrolle einfarbig an, und lasst die Farbe gut trocknen.

- Danach könnt ihr die Gesichtszüge und anderen Formen mit Fineliner auf die Rolle übertragen. Bei den Eulen könnt ihr an die Ohren evtl. noch schwarze Federn kleben, und schon sind sie fertig.

- Nun braucht ihr sie nur noch mit einem durchsichtigen Nylonfaden ins Fenster zu hängen, oder ihr klebt sie mit einer Heißklebepistole auf Äste und hängt diese dann auf.

Alle Jahreszeiten

Eulen, Monster und andere Pappenheimer

> **Tipp**
>
> Evtl. könnt ihr aus weißem Papier kleine Sprechblasen ausschneiden, in die ihr eure ersten gelernten englischen Wörter schreibt oder auch alle Buchstaben, die ihr bereits kennen gelernt habt. Klebt diese mit etwas Klebstoff an die Figuren, bevor ihr sie ins Fenster hängt.

Feuer – Wasser – Erde – Luft

Projekt 18

ab 6	Alter
ca. 3 Doppelstunden	Zeitaufwand
leicht	Schwierigkeitsstufe
Ganzjahresgestaltung, Thema Elemente	Anlass, Jahreszeit oder Fest

Kurzbeschreibung

Bei dieser besonderen Fenstergestaltung beschäftigt ihr euch mit den 4 Elementen Feuer, Wasser, Erde, Luft und gestaltet jeweils ein großes Fenster zu einem dieser Elemente. Dazu benutzt ihr viele verschiedene Materialien.

Material

- 4 Äste oder Rundstäbe, etwa so lang wie die Breite eines Fensters
- stabiles Nylongarn
- dünneres Nylongarn, Wolle oder Paketband
- druckfähiges Papier in verschiedenen Farben
- Computer mit Drucker
- Farben nach Wahl
- weißes und buntes Tonpapier
- Zeitschriften, Magazine, Prospekte etc. mit Feuer-, Wasser-, Erde- und Luft-Motiven zum Ausschneiden

Alle Jahreszeiten

Projekt 18

Feuer – Wasser – Erde – Luft

Material für die Elemente

Feuer
- gelber und roter Stoff
- unterschiedliche Papiere in Orange- und Rottönen
- Kohle, Streichhölzer usw.

Wasser
- Plastiktüten, Abdeckplanen oder andere Folien in unterschiedlichen Blautönen
- Kreppband in unterschiedlichen Blautönen
- kleine Spielzeugfiguren, Muscheln etc.
- Reagenzgläser oder andere, verschließbare durchsichtige Behälter
- Wasserfarben

Erde
- Papier und Stoffe in unterschiedlichen Brauntönen
- Reagenzgläser oder andere kleine, verschließbare durchsichtige Behälter
- unterschiedliche Erdsorten
- Baumrinde, Steine etc.

Luft
- weißes und pastellfarbenes Seidenpapier, durchscheinender Stoff
- Federn
- Schnipsel von Schokoladenfolie oder Alufolie
- Luftpolsterfolie, Luftballons etc.

Tipp
Diese Gestaltung eignet sich auch sehr gut für andere Themen, z.B. die 4 Jahreszeiten, unterschiedliche Landschaften (z.B. Wüste, Urwald, Berge, Meer), Gefühle etc.

Fensterbilder – große Wirkung ohne Schablone

Feuer – Wasser – Erde – Luft

So geht es

- Beschäftigt euch mit den 4 Elementen. Sammelt vorab alles, was euch zu den verschiedenen Elementen einfällt. Macht ein Assoziationsspiel. Denkt euch z.B. reihum verschiedene Begriffe zu dem jeweiligen Element aus, etwa: Luftpumpe, Luftballon, Wind, Drachen zum Bereich Luft.

- Schreibt eure Assoziationen mit dem Textverarbeitungsprogramm des Computers auf. Wählt verschiedene Schriftarten und Größen aus, sodass es dekorativ wirkt. Druckt die Wörter auf farbigem Papier aus, das zum jeweiligen Element passt, z.B. Erde braun, oxidrot, ocker etc. Schneidet die Wörter als Wortkärtchen aus, und locht sie oben. Wenn ihr möchtet, könnt ihr sie zusätzlich noch laminieren. Natürlich könnt ihr die Wortkarten auch per Hand beschriften oder mit Stempeln bedrucken.

- Bildet nun 4 Gruppen. Jede Gruppe arbeitet zu einem Element. Breitet alle gesammelten Materialien und Wortkärtchen auf einem Tisch aus. Aus den Stoffen, dem Plastik und verschiedenen Papieren könnt ihr unterschiedlich lange Streifen reißen oder schneiden.

- Durchforstet die Zeitschriften nach Bildern, die zu eurem Element passen, z.B. Bilder von einem Vulkan in einem Naturmagazin, Bilder vom Meer in einem Reiseprospekt. Fertigt nach Wunsch kleine Zeichnungen oder Gemälde von Bewohnern des Elements auf Tonpapier an, z.B. Vögel und Schmetterlinge für die Luft, Mäuse, Würmer und Maulwürfe für die Erde. Eure Zeichnungen, Bilder und Fotos schneidet ihr aus, laminiert sie evtl. und locht sie am oberen Rand.

- Muscheln, Steine, Rinde und alles andere, was ihr zu eurem Element gesammelt habt, befestigt ihr an unterschiedlich langen, dünnen Nylonfäden, Paketschnur oder Wollfäden.

- Die Stoff- und Papierstreifen knotet ihr in unterschiedlichen Abständen und in verschiedenen Längen an einen Ast oder eine Rundstange, die ungefähr die gleiche Länge hat wie die Breite eures Fensters. Alle anderen Materialien befestigt ihr dazwischen. Am Ende hängt ihr den Ast mit stabiler Nylonschnur vor das Fenster, fertig sind eure Feuer-Wasser-Erde-Luft-Fenster.

Projekt 19

Landart

Alter	ab 6
Zeitaufwand	1–2 Doppelstunden, aber auch längeres Projekt möglich
Schwierigkeitsstufe	leicht
Anlass, Jahreszeit oder Fest	Ganzjahresgestaltung, die sich besonders mit dem Verlauf der Jahreszeiten und den Veränderungen in der Natur beschäftigt

Kurzbeschreibung

Wie der berühmte Landart-Künstler Andy Goldsworthy geht ihr hinaus in die Natur und macht Kunstwerke aus den Materialien, die ihr dort vorfindet.
Mit der Digitalkamera fotografiert ihr eure Werke, druckt sie auf transparenter Folie oder Transparentpapier aus und schmückt damit eure Fenster. Sehr schön lässt sich somit der Verlauf der Jahreszeiten festhalten.

Materialien

- ✓ Landart-Bilder, z.B. Bildbände von Andy Goldsworthy (s. Medientipps, S. 95)
- ✓ alles was die Natur vor Ort hergibt, z.B. Blätter, Blüten, Steine, Erde, Sand, Stöcke
- ✓ evtl. Wolle, Fingerfarben, Lebensmittelfarben
- ✓ Digitalkamera, evtl. mehrere für Kleingruppenarbeit
- ✓ Computer mit Farbdrucker oder Fotodrucker
- ✓ transparente Fotofolie oder auch Architektenpapier
- ✓ Klebefilm
- ✓ evtl. Bunstifte, Wachsmalstifte, Ölkreiden
- ✓ evtl. Transparentpapier, Tonpapier etc.

Projekt 19

Landart

So geht es

- Schaut euch am besten vorab ein oder mehrere Bücher von Andy Goldsworthy an oder seinen Film. Andy Goldsworthy arbeitet für seine Landart-Kunstwerke nur mit Naturmaterialien, die er vor Ort findet. Das ist unglaublich inspirierend.

- Erkundet euer nahes Schulumfeld, und nehmt eine Digitalkamera mit. Vielleicht gibt es dort einen Wald, ein Feld, eine Brachfläche oder einen Park, wo es viele natürliche Materialien für eure Kunstwerke gibt. Ihr könnt Blätter in einer ganz bestimmten Reihenfolge anordnen, Blüten in einer Pfütze schwimmen lassen oder im Winter aus Schnee ein Kunstwerk formen. Sammelt aber nur Dinge, die auf der Erde liegen. Wenn ihr Blüten, Blätter o.Ä. benutzen möchtet, die noch an der Pflanze wachsen, fragt vorher nach, ob ihr sie nehmen dürft. Informiert euch vorher auch bei einem Erwachsenen, ob die Pflanzen(-teile), die ihr benutzen möchtet, nicht giftig sind.

- Wir haben unser Landart-Projekt etwas abgewandelt und Pfützen mit Lebensmittelfarbe gefärbt, Wollfäden zwischen Äste gespannt und Baumrinde mit ungiftiger Fingerfarbe bemalt. Diese Kunst ist natürlich vergänglich, der Wind weht die Blätter fort, der Regen wäscht die Farbe ab usw. Um eure Kunstwerke festzuhalten, benutzt ihr die Digitalkamera und fotografiert eure Kunstwerke.

- Anschließend druckt ihr sie auf transparenter Folie oder transparentem Papier auf einem Farbdrucker aus. Wenn ihr mögt, könnt ihr die Folien nun noch mit Stiften und Farbe weiter verändern und euren Landschaftsbildern ein ganz neues Gesicht geben.

- Wenn ihr sie nun mit Klebefilm auf der Fensterscheibe befestigt, entstehen ganz neue spannende Ausblicke vor eurem Klassenzimmer.

Alle Jahreszeiten

Projekt 19

Landart

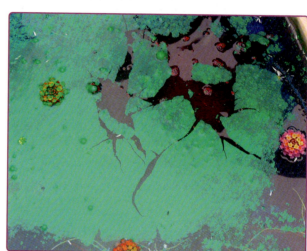

Fensterbilder – große Wirkung ohne Schablone

Projekt 20

Coole Typen aus Papier

ab 8	Alter
2–3 Doppelstunden	Zeitaufwand
leicht	Schwierigkeitsstufe
Einschulung/Begrüßung, Entlassung/Abschied, jede Jahreszeit, Schulfest	Anlass, Jahreszeit oder Fest

Kurzbeschreibung

Mit schwarzer Farbe malt ihr überdimensionale, selbstentworfene Comicfiguren. Schneidet sie aus, und platziert sie im Fenster. Sie sehen cool aus und lassen auch euch und eure Schule schon von Weitem ziemlich cool aussehen.

Material

- Comics zum Ansehen, evtl. auch aus dem Internet
- Bleistifte
- DIN-A4-Papier
- 2–3 Rollen Packpapier oder dünnes, weißes Zeichenpapier von der Rolle
- schwarze Acrylfarbe
- Pinsel
- Wasserbehälter, Abdeckung
- Scheren
- Klebefilm
- evtl. Kleister

Alle Jahreszeiten

Projekt 20

Coole Typen aus Papier

So geht es

- Schaut euch im Internet Comicfiguren oder Graffitis mit comichaften Figuren an. Ihr könnt euch auch von Comics inspirieren lassen. Eine relativ neue Form sind Papiergraffitis, die z.B. auf Häuserwände oder Mauern gekleistert werden. Sie sind wieder ablösbar und sind deshalb auch für eine Fenstergestaltung gut geeignet.

- Entwerft verschiedene Comicfiguren mit Bleistift auf das DIN-A4-Papier. Die Figuren sollten schwarz/weiß bleiben, denn sie wirken durch Muster. Malt Schnecken und Spiralen als Locken, Punkte, Streifen, auch Zick-Zack-Muster für Pullis. Gut sehen auch besondere Frisuren aus, z.B. eine Turmfrisur à la Marge Simpson! Zeichnet aber nur die Köpfe und ein wenig vom Oberkörper, denn sie sollen später überlebensgroß werden.

- Übertragt nun jeweils euren schönsten Entwurf sehr groß auf Packpapier oder dünnes, weißes Papier von der Rolle. Malt die Umrisse mit schwarzer Acrylfarbe und einem Pinsel vorsichtig nach. Benutzt dabei nur wenig Farbe, damit ihr nicht kleckst. Lasst eure Figuren trocknen, und schneidet sie danach aus.

- Nun platziert ihr sie über- und hintereinander an einem oder mehreren ausgewählten Fenstern und befestigt sie dort mit Klebefilm oder, etwas dauerhafter, mit Kleister. Besonders gut sieht es aus, wenn eure Typen nicht nur durchs Fenster gucken, sondern auch noch von den Wänden, und bald die ganze Schule bevölkern.

Fensterbilder – große Wirkung ohne Schablone

Coole Typen aus Papier

Projekt 21

Things in windows

Alter	ab 8
Zeitaufwand	1–2 Doppelstunden
Schwierigkeitsstufe	leicht
Anlass, Jahreszeit oder Fest	spielerisch englische Wörter lernen

Kurzbeschreibung

Aus Papier, alten Kleiderbügeln und ein bisschen Pappe gestaltet ihr ein Raumwörterbuch für eure ersten Englisch-Vokabeln.

Material

- Din-A2-Papier in Weiß (pro Gegenstand 2 Bogen)
- Kleiderbügel
- Bleistifte
- Dinge als Schablonen (z.B. Teller, Kleidungsstücke etc.)
- Scheren
- dicke, schwarze Bunt- oder Wachsmalstifte
- Flüssigklebstoff
- braune Pappe, z.B. von alten Obstkartons
- weißes Band
- Locher

Things in windows

Projekt 21

So geht es

- Sucht euch einen Gegenstand aus, dessen Bezeichnung ihr schon in Englisch gelernt habt oder gerne lernen möchtet. Legt nun diesen Gegenstand (z.B. einen Teller) als Schablone auf das weiße Papier auf, und zeichnet mit dem Bleistift drumherum. Nutzt dabei so gut wie möglich den ganzen Bogen aus. Falls das nicht möglich ist, weil dieser Gegenstand entweder zu klein oder zu groß ist, zeichnet ihr ihn einfach freihand groß auf dem Papierbogen vor.

- Legt nun das Papier mit eurer Zeichnung auf einen zweiten Bogen Papier, und fixiert ihn seitlich mit etwas Klebefilm, sodass er nicht mehr verrutschen kann. Nun schneidet ihr euren vorgezeichneten Gegenstand aus, wobei beide Bogen aufeinanderliegen und gleichzeitig ausgeschnitten werden.

- Danach zieht ihr die Ränder und einige Details, wie z.B. Schatten, der Papier-Gegenstände mit dem schwarzen Buntstift oder dem Wachsmaler auf beiden Seiten des Papiers nach. Dabei könnt ihr den Strich ruhig ein paar Mal locker nachziehen, dann wirkt die Zeichnung lebendiger.

- Nun klebt ihr die Papierteile an den Bügel. Überlegt euch dazu, wo sie am Bügel festgemacht sein sollen. Ein Hemd könnt ihr z.B. wie ein normales Hemd am Bügel „aufhängen". Legt euren Bügel zwischen die beiden Papierbogen, und klebt die Bogen oberhalb und unterhalb des Bügels zusammen.

- Als Nächstes schneidet ihr aus Pappe kleine Schilder aus und beschriftet sie jeweils mit dem englischen und dem deutschen Wort von beiden Seiten. Ihr könnt hier gut die Pappe von alten Bananenkartons etc. verwenden.

- Mit dem Locher oder einem spitzen Gegenstand stanzt ihr an die Spitze der Schilder Löcher und zieht einen weißen Faden durch.

- Die Schilder befestigt ihr dann am Bügel. Es können immer mehrere Bügel untereinander gehängt werden, indem ihr sie mit dem weißen Band verbindet.

- An den oberen Bügel befestigt ihr wiederum einen weißen (stabilen) Faden und hängt euer Objekt daran an einem Nagel oder an einem selbstklebenden Häkchen oberhalb des Fensters auf.

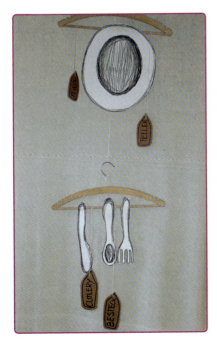
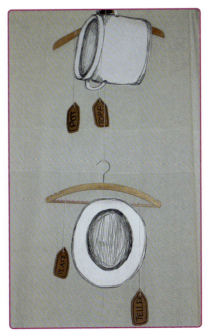
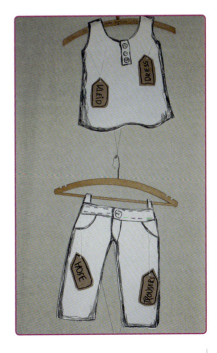

Alle Jahreszeiten

Projekt 21

Things in windows

Tipp

Statt des weißen Papiers könnt ihr auch gut braunes (nicht zu dünnes) Packpapier von der Rolle benutzen. Außerdem könnt ihr mit eurer englisch-deutschen Gestaltung natürlich nicht nur die Fenster, sondern auch die Wände eures Klassenraums schmücken.

Fensterbilder – große Wirkung ohne Schablone

Projekt 22

Mandala-Gruß aus der Küche

ab 8	Alter
1–2 Doppelstunden	Zeitaufwand
mittel	Schwierigkeitsstufe
jederzeit möglich, evtl. fächerübergreifend ein bestimmtes Themen-Mandala	Anlass, Jahreszeit oder Fest

Kurzbeschreibung

Aus verschiedenen Materialien, die man in der Küche findet (oder im Bad, Keller, Kinderzimmer, Klassenraum etc.), bastelt ihr plastische Mandalas, die wie überdimensionale Blumen am Fenster wachsen.

Material

- große Pappteller (2 pro Mandala)
- 1 Kuchenteller als Schablone
- Bleistifte
- 1 spitze Schere
- Scheren
- Putztücher
- Putzhandschuhe
- Wäscheklammern
- Schaschlikspieße
- Tortenrosetten, weiß und/oder farbig
- Muffin-Papierformen oder Pralinen-Papierförmchen etc. (alles, was sich in der Küche zum Basteln finden lässt; fragt aber vorher nach, ob ihr es mitbringen und zum Basteln benutzen dürft)
- Flüssigklebstoff und Heißkleber
- Nylonband

Alle Jahreszeiten

Mandala-Gruß aus der Küche

So geht es

- Arbeitet am besten als Team von 2–4 Kindern zusammen an einem Mandala, je nachdem, wie viele Mandalas ihr herstellen möchtet.

- Pro Mandala benötigt ihr 2 Pappteller. Mit einem Kuchenteller als Schablone zeichnet ihr in das Zentrum beider Pappteller einen Kreis mit dem Bleistift. Nun schneidet ihr mit einer spitzen Schere den Anfang der Kreise an und schneidet sie dann mit einer normalen Schere heraus. Ihr arbeitet nun nur noch mit den Pappteller-Ringen weiter.

- Da es hier – je nach euren Materialien – ganz unterschiedliche Möglichkeiten gibt, stellen wir euch hier nur ein Beispiel vor.

- Genau das Gleiche wie mit den Papptellern macht ihr mit einer Tortenrosette.

Fensterbilder – große Wirkung ohne Schablone

Mandala-Gruß aus der Küche

- Als Nächstes klebt ihr die Rosette mit Flüssigklebstoff auf einen der Pappteller, sodass nur der Spitzenrand am äußeren Rand herausschaut.

- Auf den anderen Pappteller klebt ihr ein dünnes Putztuch und schneidet es am Papptellerrand ab.

- Nun klebt ihr die Pappteller zusammen. Auf der Vorder- oder Rückseite klebt ihr dann Schaschlikspieße wie Speichen einer Felge rundherum mit Heißkleber fest. Am besten, ihr legt sie vorher einmal probehalber an, damit ihr die Abstände gleichmäßig bemessen könnt.

- Nun schneidet ihr die Finger von Gummihandschuhen ab und klebt sie mit Heißkleber auf. Wir haben sie z.B. in den inneren Ring geklebt. Der Heißkleber darf dabei nicht zu heiß sein, weil sonst das Gummi schmilzt, also zieht die Heißklebepistole zwischendurch immer mal wieder vom Strom ab. Passt auf, dass ihr euch nicht am Heißkleber verletzt!

- Zur weiteren Verzierung klebt ihr an die Spitzen der Spieße Wäscheklammern und Pralinen-Papierförmchen.

- Zum Schluss befestigt ihr an 2 Spießen Nylonschnüre zum Aufhängen eures Mandalas im Fenster.

Vielleicht entdeckt ihr ja ganz andere Fundstücke in der Küche. So sind z.B. schillernde Bonbonpapiere, bunte Deckel von Plastikflaschen, kleine ausgespülte Jogurtbecher, Zahnstocher, Einwegplastikbesteck etc. ebenso gut verwertbar.

Variante

Das Thema lässt sich natürlich beliebig variieren: Es können Badezimmer-Mandalas entstehen mit Wattestäbchen, Schwammstückchen und Einwegrasierern etc. (siehe Abbildung), Mandalas aus der Kinderzimmer-Schublade mit Kleinkram, den sowieso keiner mehr so richtig braucht, Mandalas mit Fundstücken aus der Natur und, und, und.

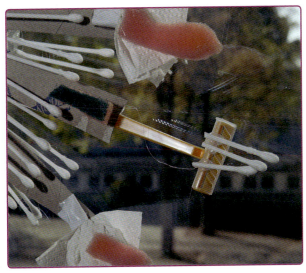

Projekt 23

Bespannte Reifenfelgen

Alter	ab 8
Zeitaufwand	2–3 Doppelstunden
Schwierigkeitsstufe	👣👣 mittel
Anlass, Jahreszeit oder Fest	jederzeit möglich, evtl. im Rahmen des Themas „Fahrrad/Fahrradwerkstatt/Fahrradprüfung", auch gut geeignet im Textilunterricht

Kurzbeschreibung

Alte Fahrradfelgen recycelt ihr mit verschiedenen Materialien zu fantasievollen Fensterobjekten, die an große Traumfänger erinnern.

Material

- alte Fahrradfelgen (aus dem Keller, der Fahrradwerkstatt oder vom Schrottplatz)
- etwas Filz
- Heißkleber oder Flüssigklebstoff
- stabiles Nylongarn

Für „Transparente Speichen"
- Kleister
- farbiges Transparentpapier oder Butterbrotpapier
- Filzstifte

Für „Müllschönheiten"
- verschiedenfarbige Mülltüten von der Rolle, pro Felge ca. 5 Tüten
- Scheren

Für „Fädeleien"
- alle Arten von Garnen, Bändern und Wolle, unversponnene Märchenwolle und Bast

Fensterbilder – große Wirkung ohne Schablone

Projekt 23

Bespannte Reifenfelgen

So geht es

Transparente Speichen

- Ihr arbeitet am besten immer zu zweit an einer Felge. Zur Vorbereitung reißt ihr zunächst das Transparentpapier in große Stücke und rührt den Kleister eher dickflüssig an.

- Nun reibt ihr das Transparentpapier mit den Händen von beiden Seiten mit Kleister ein. Stellt euch vor, ihr würdet euch eincremen, dann nehmt ihr automatisch die richtige Menge.

- Anschließend legt ihr nach und nach das Papier um jeweils ein „Speichen-Kuchenstück" und verstreicht alles gut an den Enden. Dabei solltet ihr 3 Schichten auftragen, damit das Ganze auch stabil genug wird.

- Ihr arbeitet euch nun langsam vor und lasst dabei immer ein „Kuchenstück" frei. Jedes Kuchenstück bekommt nur eine Farbe.

- Wenn ihr mit einer Felgenseite fertig seid, lasst ihr sie komplett trocknen. Danach dreht ihr die Felge um und arbeitet wie oben beschrieben weiter, nur um ein „Kuchenstück" versetzt.

- Alternativ könnt ihr auch mit Butterbrotpapier kleistern und nach dem Trocken mit Filzstiften oder Wasserfarben Muster daraufmalen.

Alle Jahreszeiten | 83

Projekt 23

Bespannte Reifenfelgen

Müllschönheiten

- Arbeitet immer zu zweit zusammen. Schneidet die Mülltüten in einer Spirale wie eine Orangenschale zu einem Band, das etwa 1 cm breit ist. Einer von euch hält die Tüte straff, das andere Kind schneidet. Am besten, ihr wechselt euch dabei ab. Wickelt nun das Band zu einer Rolle zusammen.

- Nun könnt ihr das Band zwischen die Felgen weben. Dabei hält das eine Kind die Felge fest, und das andere Kind umwickelt die Speichen mit eurem „Mülltütengarn". Fangt dabei im Zentrum der Felge an, und verknotet das erste Garnknäuel an einer Speiche. Nun werden die Speichen von innen nach außen wie ein Webrahmen genutzt. Führt also das Band immer abwechselnd einmal vor und einmal hinter einer Speiche vorbei. Zieht dabei nicht zu fest, da sich sonst das Band zu sehr spannt. Mit dieser Technik lässt sich natürlich nicht nur „Mülltütengarn" verweben, sondern auch andere Garne, Schnüre oder Wollfäden!

Fensterbilder – große Wirkung ohne Schablone

Bespannte Reifenfelgen

Projekt 23

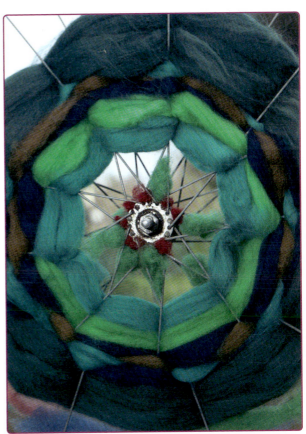

Alle Jahreszeiten

Bespannte Reifenfelgen

Fädeleien

- Arbeitet auch hier wieder zu zweit zusammen, und setzt euch auf 2 Stühle gegenüber.

- Einer von euch hält die Felge zwischen den Knien fest. Euer Partner wickelt ein langes Stück Garn (etwa 2 Armlängen) am äußeren Ring um die Felge. Zuerst müsst ihr das Garn am Felgenring verknoten, damit es fixiert ist. Nun zieht ihr den Faden parallel zu einer Speiche vom äußeren Ring der Felge bis zur Schraube in der Mitte der Felge. Zieht das Garn nun einmal um die Schraube im Zentrum der Felge und wickelt es so weit um den Felgenring, bis die nächste Speiche anfängt. Dort wickelt ihr es noch einmal um die Schraube im Zentrum, aber diesmal zur der anderen Seite der Fahrradfelge. So arbeitet ihr immer weiter, bis ihr nach und nach alle Speichenzwischenräume auf dem Felgenring umwickelt habt. Wenn das Garn nicht ausreicht, knotet ihr einfach ein neues Stück dran, es kann auch eine andere Farbe haben oder aus einem anderen Material sein. Überhaupt wird die Gestaltung umso schöner, je mehr unterschiedliche Garne, Bänder und Schnüre ihr benutzt.

- Wenn ihr mit eurer Felge fertig seid, solltet ihr auf die Schrauben im Zentrum der Felgen ein kleines Stück Filz mit etwas Heißkleber kleben, damit sie nicht die Scheiben zerkratzen.

- Zum Schluss bekommen alle Felgen für die Aufhängung 2 stabile Nylonschnüre und werden dann oberhalb der Fenster an 2 Nägeln aufgehängt. Natürlich könnt ihr auch übrige Felgen im Klassenraum an den Wänden, oder, falls vorhanden, an Deckenhaken befestigen. Da Fahrradfelgen in der Regel nicht ganz leicht sind, bitte immer gut prüfen, ob sie auch wirklich sicher hängen.

Projekt 23

Bespannte Reifenfelgen

Alle Jahreszeiten | 87

Projekt 24

Futuristische Fensterobjekte

Alter	ab 9
Zeitaufwand	3–4 Doppelstunden
Schwierigkeitsstufe	🔴🔴🔴 schwierig
Anlass, Jahreszeit oder Fest	Geometrie im Unterricht, jede Jahreszeit

Kurzbeschreibung

Alte Päckchen oder Kartonverpackungen und farbiges Transparentpapier werden zu futuristischen Fensterobjekten. Durch diese Gestaltung wird das Verständnis für Formen wirklich hautnah erlebt und greifbar gemacht. Auf spielerische Art lernen die Kinder den Umgang mit Lineal und Geodreieck.

Material

- Kartonverpackungen (kleine Schachteln, Päckchen oder Lebensmittelkartons), die sich noch komplett schließen lassen
- evtl. Toilettenpapierrollen
- weißes Papier
- Flüssigklebstoff und Klebestifte
- Lineal und/oder Geodreieck
- Bleistifte
- buntes Transparentpapier
- Butterbrotpapier oder weißes Transparentpapier
- spitze Scheren
- Heißkleber
- Nylongarn
- Nägel
- Hammer

Für die Variante

- Toilettenpapierrollen
- Scheren mit Spitze
- weißes Papier
- Flüssigklebstoff und Klebestifte
- Butterbrotpapier oder weißes Transparentpapier
- wasserfeste schwarze Stifte
- Heißkleber
- Nylongarn
- Nägel und Hammer

Futuristische Fensterobjekte

So geht es

- Entscheidet zuerst, ob jeder alleine ein Objekt gestaltet oder ob ihr das zu mehreren tun wollt. Wie ihr arbeitet, hängt auch davon ab, wie viel Zeit und wie viele Kartons ihr zur Verfügung habt.

- Klebt zunächst alle Verpackungen an ihren Öffnungslaschen zu.

- Danach beklebt ihr die Verpackungen komplett mit weißem Papier. Probiert zunächst aus, wie euer Papier gut auf den Karton passt. Wie viele Bogen Papier braucht ihr für einen Karton? Überstehende Kanten könnt ihr umknicken und auf der anderen Kartonseite festkleben. Dabei müsst ihr die ganze Kartonfläche sorgfältig mit dem Klebestift bestreichen, da ihr später einzelne Teile wieder herausschneidet.

- Anschließend zeichnet ihr auf der Vorder- und Rückseite mit einem Lineal und/oder einem Geodreieck und einem Bleistift die Form der Verpackung so verkleinert nach, dass ringsherum ein Rand von ca. 2 cm bleibt. Um das innere Rechteck oder Quadrat herauszuschneiden, stecht ihr nun vorsichtig mit einer spitzen Schere in die Verpackung und schneidet entlang der Bleistiftlinie aus. Auf der gegenüberliegenden Seite verfahrt ihr genauso.

- Übertragt nun eure ausgeschnittenen Formen mit einer Zugabe von 1 cm ringsum auf farbiges Transparentpapier, schneidet sie aus und klebt sie dann mit Klebestift auf die Öffnung eurer Verpackung. Genauso verfahrt ihr mit der Rückseite, hier benutzt ihr jedoch nur weißes Transparentpapier oder Butterbrotpapier.

- Eure fertig gestalteten Verpackungen legt ihr nun zu unterschiedlichen Farb- und Formkompositionen zusammen. Die Form, die euch am besten gefällt, klebt ihr nach und nach mit Heißkleber zusammen. Seid vorsichtig, Heißkleber ist wirklich heiß!

- An den fertigen Objekten befestigt ihr an je 2 Stellen einen Nylonfaden und hängt sie an jeweils 2 Nägeln über eurem Fenster auf.

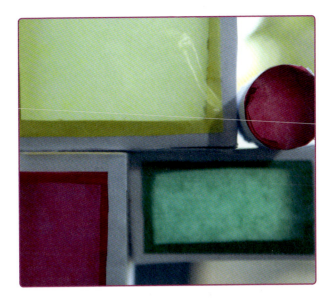

Projekt 24

Futuristische Fensterobjekte

Variante

Eine sehr schöne futuristische Fenstergestaltung könnt ihr auch aus alten Toilettenpapierrollen basteln. Diese Gestaltung ist nicht ganz so anspruchsvoll und zeitaufwändig und auch für jüngere Kinder möglich.

- Halbiert mehrere Toilettenpapierrollen mit der spitzen Schere in je 2 kürzere Rollen. Nun umklebt ihr die Hälften komplett mit weißem Papier. Die Öffnungen lasst ihr zunächst frei und klebt beide anschließend mit weißem Transparentpapier oder Butterbrotpapier zu.

- Mit wasserfesten schwarzen Stiften könnt ihr nun Muster aus Punkten auf eine Seite der Transparente malen.

- Eure so gestalteten Objekte legt ihr nun zu Spiralen, Kreisen, Blüten oder anderen Formen zusammen und verbindet sie nach und nach mit Heißkleber. Jüngere Kinder sollten sich dabei von Erwachsenen helfen lassen.

- An 2 Stellen befestigt ihr einen Nylonfaden an euren fertigen Fensterobjekten und hängt sie jeweils an 2 Nägeln über euren Fenstern auf.

Fensterbilder – große Wirkung ohne Schablone

Häkelgardine mit Aussicht

ab 8	Alter
4–5 Doppelstunden, evtl. auch zwischendurch in Einzelstunden, Vertretungsstunden etc., der Lehrer sollte die Grundlagen des Häkelns beherrschen	Zeitaufwand
schwierig	Schwierigkeitsstufe
Wahrnehmung schulen, schönes Gruppenprojekt für den Textilunterricht, zu jeder Jahreszeit	Anlass, Jahreszeit oder Fest

Kurzbeschreibung

Eine tolle Verwendung für die ersten Häkelversuche: Jedes Kind häkelt ein ca. 15 x 15 cm großes Stück. Danach werden die einzelnen Stücke zu einer „Häkelgardine mit Aussicht" zusammengenäht. Dabei lasst ihr Gucklöcher offen, durch die kleine Ausschnitte der Außenwelt sichtbar bleiben. Der Blick konzentriert sich auf Details.

Material

- Häkelnadeln Stärke 4
- dicke, stumpfe Nähnadeln
- Wollreste
- schwarzes Baumwollgarn
- Maßband
- Scheren
- Stecknadeln
- Vitragenstange(n) (dünne, längenverstellbare Gardinenstange für die Anbringung vor dem Fenster)
- anklebbare Vitragenstangenhaken
- evtl. Fotokamera

Häkelgardine mit Aussicht

So geht es

- Sammelt Wollreste, und bringt sie mit in die Schule. Ihr bekommt sie außer bei Oma, Mama oder der lieben Nachbarin auch in Secondhandläden sowie auf dem Flohmarkt.

- Nach einer Einführung in das Häkeln macht ihr eure ersten Häkelversuche. Ihr solltet Luftmaschen und einfache feste Maschen können. Lasst es dabei ganz locker angehen, aber übt fleißig. Vielleicht können euch zu Hause auch eure Eltern oder die Oma dabei unterstützen. Wenn ihr ein wenig geübt habt, könnt ihr euch gleich an euer Häkelstück machen.

- Nehmt dafür ca. 20 Luftmaschen auf, und häkelt dann mit einfachen festen Maschen 15 x 15 cm große Stücke. Jeder von euch kann eine andere Farbe benutzen, ihr könnt natürlich auch Stücke mit verschiedenfarbigen Streifen häkeln. Wenn ihr fertig seid, müsst ihr die Fäden vernähen.

- Messt nun ein Fenster aus, und legt die fertigen Stücke so auf dem Boden zusammen, dass sich dabei ungefähr die Größe eures Fensters ergibt. Lasst dabei einige „Gucklöcher" offen.

- Als Nächstes verbindet ihr die Stücke mit Stecknadeln und näht sie mit Wollfäden zusammen, dabei kommt jedes Kind einmal dran.

- Am Ende umhäkelt ihr die Öffnungen und den Rand der Decke mit schwarzer Wolle. Dabei sticht man mit der Häkelnadel in die Maschen der Decke und häkelt mit einfachen, festen Maschen ca. 4 Umrundungen.

- Zum Befestigen klebt ihr die Haken an den Fensterrahmen. Stecht dann die Vitragenstange vorsichtig mehrmals von vorne und hinten durch den oberen Rand des Vorhangs.

- Durch die Öffnungen in eurer Gardine könnt ihr nun die Welt vor eurem Fenster in Ausschnitten betrachten und so viele neue Einsichten bekommen und Vertrautes neu entdecken.

Projekt 25

Häkelgardine mit Aussicht

Tipp

Spannend wird es, wenn ihr mit der Decke rausgeht und andere Ausschnitte der Welt betrachtet und fotografiert. Das könnt ihr natürlich auch zu bestimmten Themen machen. Dabei ist es reizvoll, die Maschen am Rand des Fotos noch zu sehen. Ihr könnt die Fotos ausdrucken und in der Klasse aufhängen. Später könnt ihr für die Öffnungen noch kleine Stücke häkeln, sie einnähen und dann die Gardine als Decke für eure Lese- und Kuschelecke benutzen.

Alle Jahreszeiten

Danksagung

Wir möchten uns bei allen großen und kleinen Künstlern bedanken, die bei unseren Kunstprojekten mitgemacht haben.

Das sind Schüler und Schülerinnen der **Lessingschule**, der **Albrecht-Brinkmann-Schule** und der **Wilhelm-Rein-Schule** in Dortmund. Danke, dass ihr so toll mitgebastelt habt.

Ebenso bedanken wir uns bei den Schulleitern und Lehrerinnen, die unsere Arbeit unterstützt haben. Insbesondere bei Herrn Baumeister von der **Aplerbecker-Mark-Grundschule** für die Bereitstellung der Räumlichkeiten beim Fotoshooting.

Ein sehr herzliches Dankeschön gilt auch dem Fotografen **Benjamin Bischof** für die professionelle und liebevolle Ablichtung unserer Objekte.

Ein ganz großes Dankeschön geht zudem noch an unsere „Models" und Künstler **Carla**, **Liam**, **Marta**, **Paula**, die Kinder aus dem **Kunstkurs des MO** sowie an **Lucille Rohmer** und **Tim Heyduck** als Praktikanten.

Herzlichen Dank auch an **Alexander Häfele** für die Erlaubnis, die Bilder auf S. 72 (oben links und rechts) abzudrucken. Sie entstammen seinem Buch „Landart für Kinder" (siehe Medientipps).

Den herzlichsten Dank an **Frau Dr. Geffers** vom Verlag an der Ruhr, für die liebevolle Betreuung und geduldige Korrekturlesung von Bastelanleitungen.

Ohne die tatkräftige Mithilfe von Ihnen/Euch allen hätten wir das Buch in der vorliegenden Form niemals fertigstellen können.

Medientipps

Für „Es kreucht und fleucht ..."

Belli, Gioconda:
- **Die Werkstatt der Schmetterlinge.**
  Illustr. v. Wolf Erlbruch.
  Ab 5 J. Peter Hammer Verlag, 2000.
  ISBN 978-3-87294-867-0

Lange, Monika:
- **Geheime Welt der Raupen.**
  Ab 4 J. Sauerländer Verlag, 2008.
  ISBN 978-3-7941-9135-2

Möller, Anne:
- **Nester bauen, Höhlen knabbern. Wie Insekten für ihre Kinder sorgen.**
  Ab 5 J. Atlantis, Orell Füssli, 2004.
  ISBN 978-3-7152-0486-4

- www.insektenbox.de
  Viele Infos mit Bildern zu Insekten.

- www.schmetterling-raupe.de
  Etwas unübersichtliche, aber sehr informative Seite mit vielen Bildern.

Für „Christbaumkugeln und Weihnachtszapfen"

Christbaumkugel-Shops, die natürlich gewerbliche Angebote sind, aber eine Vielzahl von interessanten Musterbeispielen liefern:

- www.christoball.de/weihnachtskugeln.html
- www.krebsglaslauscha.de/index.php
- www.shop-weihnachtskugeln.de/
- www.thueringer-glaskunst.de/Kugeln
- www.woolloom.de

Für „Wunderschöne Matrjoschkas"

- www.google.de
  Hier liefert die Bildersuche unter mit dem Suchstichwort „Matrjoschka" gute Ergebnisse für Musterbeispiele.

Für „Landart"

Bücher von Andy Goldsworthy, alle in englischer Sprache

Goldsworthy, Andy:
- **A Collaboration With Nature.**
  Abrams, 1990.
  ISBN 978-0-8109-3351-4
- **Passage.**
  Thames & Hudson, 2004.
  ISBN 978-0-500-51191-6

Riedelsheimer, Thomas; Goldsworthy, Andy:
- **Rivers and Tides.**
  DVD. Indigo, 2010.
  EAN 4015698542783

Häfele, Alexander:
- **Landart für Kinder. Mit Natur-Kunst durch die Jahreszeiten.**
  Mit CD-ROM.
  5–12 J. Verlag an der Ruhr, 2011.
  ISBN 978-3-8346-0788-1

Für „Unter Wasser – auf dem Fenster"

Jeuge-Maynart Isabelle (Hg.):
- **Geheimnisvolle Tiere im Meer. Fakten, Wissen, Abenteuer.**
  Ab 6 J. Arena Verlag, 2011.
  ISBN 978-3-401-06596-0

Lionni, Leo:
- **Swimmy.**
  Ab 3 J. Beltz, 2006.
  ISBN 978-3-407-76016-6

Nouvian, Claire:
- **The Deep. Leben in der Tiefsee.**
  4. Aufl. Knesebeck, 2006.
  ISBN 978-3-89660-376-0

Für „Häkelblumen" und „Sehen lernen"

Gute Hilfestellung zum Häkelnlernen bieten Internet-Tutorials, z.B:

- www.froilein-schaminsky.com/70.html (private Seite!)
- www.nadelspiel.com/2009/08/09/hakeln-grundbegriffe-die-wichtigsten-hakelstiche/1850/

Die in diesem Werk angegebenen Internetadressen haben wir geprüft (Stand Mai 2012). Da sich Internetadressen und deren Inhalte schnell verändern können, ist nicht auszuschließen, dass unter einer Adresse inzwischen ein ganz anderer Inhalt angeboten wird. Wir können daher für die angegebenen Internetseiten keine Verantwortung übernehmen.

Verlag an der Ruhr

Postfach 10 22 51
45422 Mülheim an der Ruhr
Telefon 030/89 785 235
Fax 030/89 785 578

bestellungen@cornelsen-schulverlage.de
www.verlagruhr.de

Es gelten die Preise auf unserer Internetseite.

■ **Augen auf und Kunst draus machen!**
Kunststunden mit einfachen Materialien
Kl. 1–4, 94 S., A4, Paperback, farbig
ISBN 978-3-8346-0875-8

■ **Kleine Künstler – große Meister**
GroßARTige Kunsterlebnisse für 3- bis 7-Jährige
3–7 J., 71 S., A4, Paperback, farbig,
15 farbige Poster, DIN A4
ISBN 978-3-8346-0633-4

■ **Kunst-Highlights für Frühling und Sommer**
Kurze Projekte für 5- bis 10-Jährige
5–10 J., 78 S., A4, Paperback, farbig
ISBN 978-3-8346-0957-1

■ **Kunst-Highlights für Herbst und Winter**
Kurze Projekte für 5- bis 10-Jährige
5–10 J., 86 S., A4, Paperback, farbig
ISBN 978-3-8346-0705-8

■ **Jungs machen Kunst**
Originelle Kunst-Projekte, die auch „echte Kerle" motivieren
5–10 J., 111 S., A4, Paperback, farbig
ISBN 978-3-8346-0700-3

■ **Landart für Kinder**
Mit Natur-Kunst durch die Jahreszeiten
5–12 J., 103 S., A4, Paperback, farbig,
mit CD-ROM
ISBN 978-3-8346-0788-1

MUS-E® Edition - Künstler für Kinder
■ **Schule innen schöner machen!**
Kunstprojekte für Kinder
6–12 J., 112 S., A4, Paperback, farbig
ISBN 978-3-8346-0494-1

MUS-E® Edition - Künstler für Kinder
■ **Schule außen schöner machen!**
Kunstprojekte für Kinder
6–12 J., 113 S., A4, Paperback, farbig
ISBN 978-3-8346-0495-8

Kreative Ideen für jede Gelegenheit